상처는 삶의 선물
한 심리상담가의 마음 이야기

나남
nanam

한영란

서울여자대학교 사회학과 졸업, 대구대학 대학원 사회복지학 석·박사.
부산 한병원 정신보건 사회복지사, 사회복지사 1급,
정신보건 전문요원 1급, 정신보건 사회복지사 수련감독,
한국 가족상담사 수련감독, 한 정신병원 이사장,
수원과학대학 전임교수, 인천시 여성복지관 위촉 상담사,
인천시 아동복지관 위촉 상담사,
서울여자대학교 대학원 외 다수 대학원 강사,
미국 My Service Mind of Northwest 청소년 심리상담사,
미국 Pacific 신학대학 대학원 외래교수.
현재 한 정신건강연구소(심리상담) 소장,
한국가족상담협회 가족상담 전문가 수련감독.

저서 및 논문

《집에서 상처받는 아이들》, 《예비부부교육 워크북》,
《성공적 부모역할훈련 워크북》,
"정신장애인의 삶의 질", "정신장애인의 재활과 삶의 질" 등.

나남산문선 81

상처는 삶의 선물
한 심리상담가의 마음 이야기

2014년 9월 20일 발행
2014년 9월 20일 1쇄

저자 한영란
발행자 趙相浩
발행처 (주) 나남
주소 413-120 경기도 파주시 회동길 193
전화 031) 955-4601 (代)
FAX 031) 955-4555
등록 제 1-71호(1979. 5. 12)
홈페이지 www.nanam.net
전자우편 post@nanam.net

ISBN 978-89-300-0881-5
ISBN 978-89-300-0859-4 (세트)
책값은 뒤표지에 있습니다.

한영란 에세이

상처는 삶의 선물
한 심리상담가의 마음 이야기

나남
nanam

있는 그대로의 나

나는 7살짜리 꼬맹이 친손자와 종종 전화하는 것을 무척 좋아한다. 이런 저런 얘기를 나누다 보면, 그 아이는 어느새 나를 감동의 물결 속으로 인도한다.

아이는 자기의 모든 잠재력을 응축해 놓았다가 며칠 사이에 꽃을 피워 올리는 화사한 봄꽃처럼, 나를 반겨 주고 기쁨의 선물을 안겨 준다. 어떨 땐 순수한 영혼의 눈빛으로 격려의 시선도 아끼지 않는다.

하루는 내가 전화 걸 타이밍을 놓쳤는지, 아이가 밥을 먹고 있는 소리가 들렸다.

"할머니가 괜히 전화했네, 우리 손자 어서 밥 먹어, 전화 끊을게"라고 말하는 나에게 뜻하지 않았던 따뜻한 화답이 날아왔다.

"괜히 전화한 거 아니에요. 할머니, 밥 먹으면서 얘기해도 돼요" 한다. 그러다 곧 아이는 "할머니 내가 밥 먹고 조금 이따 전화할게요" 한다. 아마 전화기를 잡고 동시에 수저를 움직이기가 힘들었던 모양이다. 나의 민망한 마음을 알아채기라도 한 듯 아이는 가벼운 격려로 괜한 마음을 갖지 말라고 속삭인다.

만날 때마다 아이는 반가움에 두 팔을 벌리며 뛰어와 안기기도 하고 "할머니 사랑해요"라는 말도 서슴없이 한다. 아이의 따사로운 눈빛은 인생의 끝자락에 서 있는 나에게 기억의 저편에 숨어 있는 행복했던 나의 어린 시절을 떠올리게 한다.

아이의 따뜻한 속삭임에서, 앙증맞고 귀여운 몸짓에서, 그동안 고된 삶을 살아내느라 한쪽에 밀쳐 두었던 긍정적인 나의 내면아이를 만나게 되는 것이 아닐까 하는 생각이 문득 들었다. 아이처럼 웃고 함께 놀면서 동심의 세계로 돌아가는 것을 마다하지 않는 나 자신을 보면.

어쩌면 손자는 따뜻하고 행복했던 나의 어린 시절로 인도해 주는 안내자가 아닐까 싶다. 그동안 상실의 강을 헤엄쳐 왔던 고된 삶이 결코 헛되지 않았노라고 나의 쉼터에 있던 순수한 내면아이가 나를 위로했다.

돌이켜 보니 그동안 나의 긍정적인 내면아이는 때때로 삶의 가도를 달릴 때마다 나를 쉬게, 욕심을 내려놓게 하는 존재였다는 것을 잊고 있었다. 손자와의 만남에서 나의 긍정적인 내면아이를 불러내니 반가운가 보다. 그런데 우리는 어른 노릇, 부모 노릇, 반듯한 사람 노릇 하는 데 너무 많은 욕심을 부리느라 삶의 재미와 즐거움을 가져다주는 아이 노릇은 게을리한다. 나 역시 욕심을 내려놓으려고 많이 애썼다고 생각했는데 아직 멀었나 보다.

인생이란 고되고 험난한 길이다. 험난한 길을 가는데 나를 격려해 주고 따뜻하게 위로해 주는 친구 역시 내 안에 있다. 그것은 문제해결의 열쇠인 나의 내적인 긍정적 자원이다. 행복했던 나, 즐거웠던 나, 성공을 느꼈던 자신의 과거 경험 속에 존재하는 긍정적인 내면아이이다. 그 아이는 가속 붙은 욕심을 내려놓으라고 경고하기도 한다. 그리고 삶이 즐겁지 않고, 재미가 없다고 속삭인다.

심리상담가인 나 역시 많은 상실의 강을 건널 때마다 수많은 대가를 치러야 했다. 그러나 그 대가를 치르면서 더러는 나의 한계를 인정하는 깨달음도 얻었다.

소크라테스가 "너 자신을 알라"고 말한 것처럼 공자는 "너의 한계를 알라"라고 말한다. 즉, 자신을 알지 못하면 자기 삶의 주인이 될 수 없다는 것이다. 그래서 인간의 불완전성을 인정하고, 있는 그대로의 자기 모습을 인식하고 찾아가는 삶을 살아갈 때 우리는 참된 나를 찾고, 진정한 행복을 맛볼 수 있을 것이다.

자신의 한계를 무시하고 하늘 높이 올라가다 결국 비참한 최후를 맞은 그리스 신화의 이카로스를 봐도 알 수 있다. 이카로스는 그리스 전설의 명장인 다이달로스의 아들이다. 다이달로스는 미노스왕의 명령으로 미궁을 지었는데, 이후 죄를 지어서 이카로스와 함께 미궁에 갇히게 된다. 다이달로스는 날개를 만들어서 밀랍으로 붙여 아들과 함께 하늘로 날아올라 미궁을 탈출하면서 너무 낮게도, 높게도 날지 말

있는 그대로의 나

라고 당부한다. 너무 낮게 날면 바다의 습기 때문에, 너무 높게 날면 태양의 열기 때문에 날개가 떨어져서 제 기능을 못할 수도 있다고 말한다. 그런데 이카로스는 점점 더 높이 날아 그만 태양 가까이까지 올라가 밀랍이 녹는 바람에 추락하고 만다.

이것은 자신이 가지고 있는 자기 한계, 즉 자신이 도달할 수 있는 최대치를 모르면 자신을 괴롭히고 가족을 괴롭히고 주위 사람을 괴롭히는 고달픈 삶을 살아갈 수밖에 없다는 것을 암시한다.

자신의 한계성을 인정하고 삶의 균형을 잃지 않는 것은 여간 어려운 일이 아니다. 삶의 고통은 대부분 욕심으로부터 빚어진다고 하여도 과언이 아니다. 욕심은 화를 불러일으킨다. 자기 자신을 있는 그대로 보지 못하는 대가다.

자신을 있는 그대로 받아들인다는 것은 '내 안에 누가 있는지?'를 깨닫고 그 안에서 자신의 한계성을 온전히 받아들인다는 것이다. 타인의 평가에 얽매이지 않고, 인정받기 위해 헛된 꿈도 꾸지 않는다.

자신의 고통을 다루어 나가는 과정을 포기하지 않고 '내 안에 누가 있는지?', '무슨 일이 일어나고 있는지?', '무엇 때문에 이렇게 힘들어하는지?'를 알아차리려고 하는 것은 잃어버린 나를 찾고 자신의 삶에 주인이 되고자 하는 것이다.

'상처 입은 어린아이'를 찾아 떠나는 여정은 잃어버린 나를 찾아 떠나는 길이다. 그것은 마음의 평화와 행복을 찾아가는 길목이기도 하다.

삶에서 만나게 되는 고난의 강을 피하지 않고 열심히 헤엄쳐 가다

보면, 고통의 근원지인 '상처 입은 어린아이'도 만나게 될 것이고, 어느 덧 '나'를 만난 반가움과 함께 행복한 삶의 길목에 서 있는 자신을 보게 될 것이다.

그렇다면 어떻게 해야 행복의 길을 열어 볼 수 있을까? 그것은 고통 속에 숨어 있는 상처 입은 아이를 만나야 하고, 동시에 나를 기분 좋게 해주는 순수한 아기 같은 속삭임도 내치지 않아야 한다. 다시 말해서 내 마음속 빛과 그림자를 있는 그대로 받아들일 때 비로소 얻을 수 있다는 것이다.

이 책을 통해서 여러분 마음속에 자리 잡은 빛과 그림자를 찾아가는 길목에 손을 붙잡아 주고, 그 길을 안내해 주고 싶은 마음이 간절하다.

그동안 부모교육과 상담분야의 이론 서적들을 쓰느라 마음 챙김을 소홀히 했나 보다. 《집에서 상처받는 아이들》을 펴낸 지가 어언 10년이 흘러간 것을 보면. 이제 마음의 짐들을 챙기고 살펴보아야 할 때가 된 것 같아 다시 붓을 들었다.

내담자들을 만나고 함께 작업해 나가면서 행복하게 살아가는 길을 발견했고, 나이 들어가면서 욕심을 내려놓는 지혜도 얻었다. 지금도 계속해서 상처 입은 또 다른 어린아이를 만나고 화해를 계속하고 있다. 더불어 순수하고 긍정적인 내면아이와의 만남 역시 감사하고 기쁘게 받아들이고 있다.

이번 기회에 여러분도 '상처 입은 어린아이'를 만나서 화해하고, 언제나 여러분 곁에서 밝고 순수한 영혼의 눈빛을 보내는 아이를 내치지 말고 기쁨을 나누는 시간을 가질 수 있었으면 좋겠다.

《집에서 상처받는 아이들》에 이어서 흔쾌히 출판의 기회를 주신 나남출판 회장 조상호 박사께 고마움을 전하지 않을 수 없다.

나의 아버지로부터 물려받은 가장 소중한 유산인 인간에 대한 존엄성과 사랑을 나의 두 아들 태훈, 지훈에게도 전해 주고 싶은 마음이 간절하다. 나를 순수하고 즐거운 동심의 세계로 이끌어 주는 나의 손자 건영에게도 한없는 사랑과 고마움을 보내며, 그리고 따뜻한 마음으로 손자를 품어 주는 며느리에게도 그동안의 감사함을 보낸다.

이 책에서 사례로 소개되는 인물들은 가명이며, 내용 또한 사실 그대로가 아님을 밝힌다. 상담가로서 내담자의 비밀보장 때문에 약간의 내용을 각색하였음을 양지해 주시기 바란다.

2014년 8월
한영란

한영란 에세이
상처는 삶의 선물

차 례

11

chapter

1

내 마음속
빛과 그림자

내 안에
상처 입은 어린아이
살고 있다

　자신을 사랑하고 돌보는 길은 먼저 마음속에 상처받은 내면아이를 알아채는 것에서부터 시작된다. '상처 받은 내면아이'를 만나라고 하면 대부분의 사람들은 당황하고 두려운 마음에 도망갈 준비부터 한다. 자신의 마음속에 숨어 있는 아픈 상처를 건드리기 때문이다.

　우리는 어린 시절 부모에게, 친구에게, 형제에게 크든 작든 간에 마음의 상처를 입을 때가 많았다. 그 상처가 깊을수록 '상처 입은 어린 아이'는 마음속 깊은 곳에 자리 잡고 숨어 버린다. 왜냐면 어린아이로서는 감당하기 힘들 뿐 아니라 살아남기 위해서 상처받은 경험들을 기억의 저편으로 꼭꼭 숨겨 버리기 때문이다.

그러나 내 마음 깊은 곳에 숨어 있는 상처받은 아이를 알아채지 못하고 돌보지 않으면, 두려움과 불안에 찬 그 아이는 지금까지 때때로 꿈속에서 괴물로 나타나 잠자리를 어지럽힌다. 괴물로부터 벗어나고 싶어 숨을 헐떡이며 달리고 또 달린다. "어른이 되어서 개꿈이나 꾸고 뭐지?" 하고 떨쳐 버리려고 하지만 어깨가 뻐근하고 개운치가 않음을 느낀다.

이처럼 '상처받은 어린 아이'는 꿈속뿐 아니라 일상에서, 다른 사람과의 관계에서 나를 자극하고 부추긴다. 불행하게도 사람들은 대부분 이를 알아차리지 못하고 다른 사람을 탓하기만 한다.

"왜 저 사람은 주는 것 없이 밉지?", "당신이 그렇게 등 돌리는 모습을 보일 때마다 나는 숨이 탁탁 막히는 것 같아 화가 나요" 또는 다른 사람의 사소한 말이나 행동을 탓하고 분노하며 소리치거나 아니면 침묵해 버린다. 이런 유사한 경험들을 많이 했을 것이다. 이렇게 침묵해 버리거나 알아차리지 못하고 남 탓을 하고 외면해 버리는 것은 상처를 치유하기는커녕 상처 입은 아이의 분노만 키운다.

진정 문제를 해결하기 위해서는 그 아이의 고통을 어루만져 달래고 아이를 불러내서 만나야 한다. 멈추어 버린 성장을 계속하려면 그 아이가 마음껏 울 수 있게 해 줘야 한다. 무엇이 힘들었는지 말할 수 있도록 도와주어야 한다. 그래야 비로소 성장의 길에 들어서는 출발점에 설 수 있게 된다.

이 책을 읽으면서 어느 한 문장이 이런 유령 중 하나를 불러낼 수 있었으면 하는 바람이다. 그리고 오랜 잠 속에 빠져 성장을 멈춘 어린 아이를 깨워 말을 시켜야 한다. 그러다 보면 한순간 통찰을 얻거나, 이전에는 전혀 몰랐던 연결점을 발견하거나, 내면에서 사슬처럼 연쇄반응이 일어나는 것을 보게 될 것이다.

여러분은 오래 전에 잃어버렸던 자신의 이야기를 듣게 될 것이다. 그때는 잠시 책을 접고 반가운 마음으로 자신의 이야기에 귀를 기울여라.

어떤 상황에서나 다른 사람과의 관계에서 평소와 다르게 평정심을 잃게 되는 일이 생기면 우선 자기 자신에게 초점을 두어야 한다. 왜냐하면 내가 어떻게 지각하느냐에 따라서 평정심을 잃게 되는 외적인 자극(상대방의 행동, 태도 등)에 대한 반응이 달라지기 때문이다. 즉, 상대방의 어떤 행동이나 말에 A라는 사람은 그냥 덤덤하게 받아들이며, "저 사람에게 저런 면이 있구나" 하며 상대방의 문제로 받아들이고 객관적인 입장에서 처리한다. 반면에 B라는 사람은 "어떻게 저런 말을 할 수 있어, 나를 무시하는 거야 뭐야, 누굴 바보로 아나" 하고 상대의 문제를 분리하지 못하고 자신의 문제로 끌어들인다.

"나를 무시하는 거야 뭐야, 누굴 바보로 아나" 하는 소리는 어릴 때 누군가로부터 인정받지 못하고 소외받았던 '상처 입은 아이'가 고개를 내밀고 분노하는 소리이다.

그런데 우리는 아이의 울부짖음은 알아채지 못하고 상처만 더 덧나는 꼴이 반복된다는 것을 모른다. 지쳐 가던 몸과 마음은 결국 병들고 만다.

'상처 입은 아이'의 소리에 귀 기울이고 잘 보살펴 주면 심리적 근육이 생기는 것이나 다름없다. 신체적 근육을 잘 키워 놓으면 웬만한 충격에도 뼈 골절을 예방할 수 있듯이 심리적 근육 역시 삶 속에서 만나게 되는 스트레스를 잘 다스릴 수 있게 해 준다.

이 세상에 완벽한 부모는 없다. 때문에 우리는 크든 작든 누구나 상처를 입기 마련이다. 아무런 상처 없이 자라는 것은 현실적으로 불가능한 일이다. 중요한 것은 지금 여기에서 그 상처를 어떻게 다루느냐에 달려 있다.

상처를 잘 다스리려면 어린 시절 상처 입었던 그 아이와 만나야 한다. 그렇게 하려면 지금 여기, 현재에서 시작해야 한다. 과거로 되돌아갈 수는 없지 않은가! 현재 관계에서 나를 자극하고 힘들게 하는 것이 무엇인지, 그 속에 담겨 있는 상처가 무엇인지 알아채고 잘 보듬어 주어야 한다. 그러면 비온 뒤에 땅이 더욱 단단하게 굳어지듯 그 상처에 새살이 돋아나고, 이 상처는 오히려 자기 성장의 길로 들어서게 하는 길잡이가 된다.

지금처럼 반복되는 행동패턴, 감정양식, 생각과 관련해 과거의 경험 속에 어떤 장면이 떠오르는지 다음과 같이 자문해 보라.

"왜 그 사람은 말끝마다, 행동 하나하나가 주는 것 없이 못마땅하게 여겨질까?", "그 사람의 몸짓, 말투, 말의 내용, 목소리, 태도?", "그 사람을 보면 어떤 감정이 올라오지?", "어떤 생각들이 연상되지?", "그 사람과 관련지어 떠오르는 사람이 누구지?"

어릴 적 그 시기에 떠오르는 사람(부, 모, 형, 동생 등 누구든지 상관없다)과의 관계에서 무슨 일이 있었는지, 그때 자신이 어떤 모습을 하고 있는지, 기억나는 장면들을 떠올려 보라. 그때의 감정과 생각들도 함께. 구체적으로 아주 상세하게 기록해 보면 생각지도 못했던 새로운 경험들도 밝혀진다.

일기형식으로 써 내려가면 '내가 누구인지?', '내 안에 누가 있는지?'를 탐색해 나가는 아주 좋은 보고가 될 것이다. 일기는 솔직한 내 마음을 허락한다. 그 속에서는 상처에 담겨 있는 감정들을 마음껏 풀어내고, 느끼고, 내 마음을 들여다보는 과정을 통해서 새로운 관점에서 자신의 경험들을 재조정해 볼 수 있는 기회도 생긴다. 그러니까 위의 질문들과 해당되는 사람과 관계를 맺으면서 경험했던 내용들을 이야기 식으로 아주 상세하게 적어 보는 것이 여러분의 상처 입은 내면아이를 만나는 데 도움이 될 것이다.

예를 들면 인정받고 싶은 욕망에 사로잡힌 사람은 자기주장이 강한 사람을 수용하지 못하고 늘 비난하고 다투게 된다. 다시 말해서 어릴 적 부모와의 관계에서 인정에 대한 욕구가 결여된 사람은 그것에 집착하고, 스스로 갈등적인 상황으로 몰고 가기 마련이다. 또 상실감을 경험한 사람은 친구의 이별이 자신의 문제인 양 오히려 펄쩍 뛰며 참을 수 없는 슬픔과 분노를 느낀다.

그래서 현재의 관계 혹은 어떤 장면이나 상황에서 예기치 못하게 불쑥 '상처 입은 어린 아이'는 다양한 모습으로 나에게 소리친다. 외면하지 말고 '나'를 쳐다보라 한다.

내 안에 상처 입은 어린아이 살고 있다

고함 소리가
지옥 같은 여자

서영 씨는 주변의 시끄러운 소리에 매우 민감하게 반응한다. 지하철에서 누군가가 큰 소리로 말하거나, 주변 사람들에게 방해가 될 만큼 시끄럽게 전화하는 사람들을 보면 못 견딜 만큼 싫다. 화가 나서 참을 수가 없다. '조용히 해 달라'는 부탁의 말이 입 끝에 대롱대롱 매달려 나오지 않는다. 그런 자신의 모습이 무기력해 보이고 답답하고 못나 보였다. 심장도 콩닥거리고 심할 때는 가슴이 조여 오는 듯한 압박감을 느낄 때도 있었다. 민감하게 반응하는 몸이 조금 의아했으나 그 사람들의 예의 없는 태도를 탓하기만 했을 뿐 자기 안에서 일어나는 마음의 소리는 흘려보냈다.

"나는 예의 없는 사람을 보면 못 견디는구나"라고만 여겼다. 그러나 가족들이 그런 행동을 보이면 불같이 화를 냈고, 끊임없는 잔소리로 이어졌다. 그녀의 딸이 사춘기에 접어들면서 신경질적인 태도로 그녀에게 대들기 시작하였다. 딸은 합의해서 정해 놓은 귀가시간은 물론 부모의 지시를 잘 따르지 않았다. 무엇이든지 제멋대로였다. 버릇없이 구는 딸에게 화를 내거나 아니면 달래는 식이 반복될 뿐 어떻게 다루어야 할지 막막했다.

엄마 노릇을 잘 못한다는 자책감이 들었고, 때로는 견딜 수 없는 모욕감도 느꼈다. 무엇보다 소리 지르며 대드는 딸을 볼 때는 화가 치밀어 참을 수가 없었다. 그녀는 날이 갈수록 마음이 답답해서 힘들다며 자신에 관한 얘기를 털어 놓기 시작했다.

서영 씨의 어릴 적 첫 기억은 엄마, 아빠가 서로 잡아먹을 듯이 욕하고 큰 소리로 싸우는 모습이었다. 평소에 아버지는 무뚝뚝하고 가족들에게 무관심했다. 가장 노릇도 제대로 하지 않는 무능력한 아버지 때문에 가족 모두가 힘들었다. 그런 아버지에게 늘 불만이 많았던 엄마는 "너희들 때문에 죽지 못해 산다"는 말을 입에 달고 다녔고, 격양된 목소리로 불만을 터트릴 때가 많았다. 그래서 어릴 적부터 집안은 늘 부부싸움 소리로 조용할 날이 없었다.

아버지가 술을 마시고 오는 날이면 집안은 더 난장판이었다. 아버지의 고함 소리, 엄마를 때리고 살림 부수는 소리, 그에 맞서 엄마가 울부짖는 소리는 그야말로 지옥이었다.

"우리 부모는 자식들은 안중에도 없었던 것 같아요."

"부모님이 싸울 때 서영 씨는 어디에 있었나요?"

집이 좁아 막내인 그녀는 부모의 방에서 자는 날이 많았다고 했다. 부모의 싸움 소리에 잠을 깨는 날도 많았고, 하루도 편히 지냈던 기억이 없던 것 같다고 했다. 부모가 싸우는 곳에 항상 그녀가 있었다. 두려움에 떨며 이불을 뒤집어 쓴 채 숨죽이고 있는 6살짜리 여자아이를 떠올렸다. 이불을 뒤집어쓰고 숨죽이고 있으면 아무도 그녀를 해치지 않을 것 같다는 생각이 들었다. 싸움이 언제 끝날지 몰라 숨이 막혀 죽을 것 같은 기분이 들 정도로 무서웠다.

"어쩌면 어린 딸이 바로 옆에 있는데…. 어떻게 그렇게 피터지게 싸울 수 있죠? 너무 무서워서 정신이 혼미해질 때도 있었어요. 무섭고 두려워서 이불 속에서 벌벌 떨었어요."

"그러셨군요. 어린 아이가 감당하기에는 너무 두렵고 무서운 상황이었겠네요."

"늘 겪는 일이었어요. 오늘은 괜찮을까 할 정도로요."

"그렇게 힘든 상황 속에서 어떻게 견디어 나갔습니까?"

그 경험은 그녀의 마음속 깊은 곳에 암에서 오는 통증과 같은 아픔을 남겨 놓았다. 하루 빨리 자라서 어른이 되고 싶었고, 지긋한 지옥에서 벗어나고 싶은 마음이 간절했다고 한다.

"열심히 해 봤자 내일이면 다 사라질 건데 소용없다"는 생각이 그녀를 지배하고 있었다. 저러다 결국 엄마, 아빠는 헤어질 수도 있고 우리는 버려질지도 모른다는 불안감이 엄습하면 생각하지 않으려고 도리질을 쳤다.

그래서 사람에 대해 별 기대를 안 하게 되었고, 마음속에 뭔가 올라오면 외면하고 피했다고 한다.

"서영 씨가 그때 이불 속에 숨어서 아버지에게 무슨 말을 할 수 있었다면 뭐라고 했을 것 같아요?"

"……."

그 당시에 경험했던 모든 두려움과 아픔이 너무 깊어서 쉽게 표현하기가 어려웠는지 침묵 끝에 소리가 입 밖으로 터져 나왔다.

"아빠 제발 그만하세요, 나 여기 있어요. 저를 내팽개치지 마세요!"

입 밖으로 나온 그녀의 소리는 예수님이 십자가에서 버림받을 때 부르짖던 외침이었다. "나의 하느님, 나의 하느님, 왜 나를 버리시나이까?"

그녀의 외침에 내 마음속 깊은 밑바닥으로부터 날카로운 아픔이 전해져 왔다. 어린아이가 부모에게 버림받음을 느낀다는 것은 마치 죽음과도 같기 때문이다.

찰스 디킨스 역시 그의 작품에서 "어린아이들의 세계에서는 다른 무엇보다도 불의를 경험하는 것이 가장 큰 괴로움이다"라고 말하지 않았던가!

아이들은 자신이 경험하는 괴로운 현실을 객관적으로 이해하는 능력이 충분히 발달하지 못해서 좌절감이나 심리적 충격을 받으면 자신과 환경을 이해하고 처리하는 능력이 부족하다. 그래서 부모의 다툼을 보면서 아이는 부모의 갈등을 자신의 잘못으로 왜곡해서 해석하기도 하고, "내가 나빠서 그래", "내가 못났어", "난 소중한 사람이 아니야"라고 자신의 존재를 무시하고 부정하기도 한다.

때문에 부모로부터 버림받음에 대한 마음의 상처는 깊게 새겨지고 오래 남는다. 마치 비가 오거나 날씨가 흐린 날에 예전의 상처가 욱신거리고 쑤시고 아픈 것처럼 마음의 상처 역시 그 사람을 평생 따라다니면서 괴롭힌다.

　서영 씨 역시 부모님에게 그녀가 무섭고 두렵고 화났다는 걸 표현할 수가 없었다. 왜냐하면 화낸다는 건 다툼의 시작이라는 것을 봐 왔기 때문이다. 해가 갈수록 분노는 쌓여, 그녀의 영혼은 곰팡이가 스는 것처럼 서서히 곪아 가고 있었다. 그녀는 그런 자신을 들키지 않으려고 주위를 경계하며 조심스럽게 살아왔다. 늘 예의 바르고 착한 사람으로 … .

　그녀는 누군가가 큰 소리로 말하면 '이러다 싸우게 되면 어쩌지?'하는 두려운 마음이 앞서 도망갈 채비부터 했다. 다툼의 회오리에 들어가기 싫어서 사람들에게 늘 예스(yes) 만 했다. 그것이 다른 사람과 잘 지낼 수 있는 최선의 방법이라 여겼다. 그런 모습은 자신이 착해서라고만 여겼을 뿐, 자기주장을 못하고 고함 소리에 예민하게 반응하는 이유가 무엇인지 몰랐다. 그녀에게 고함 소리는 다툼이었고, 어둠과 공포 그리고 버려짐이었다.

　아이들은 자신이 안전하지 못하고 보살핌 받지 못한다고 느낄 때 버림받았다고 느낀다. 자신의 존재가 무시되고 소중하지 않다고 여겨지면 수치심이나 모욕감을 느끼기 마련이다. 또한 스스로 할 수 있는 게 아무것도 없다고 여겨질 때 아이들은 좌절하고 무기력한 자신을 한탄하며 상처받는다.

사람들은 상처가 있을 경우 그와 유사한 장면에서 무의식 중에 과거의 경험으로 돌아간다. 서영 씨가 누군가가 고함을 지르거나 예의 없는 행동을 하는 사람들을 보면 참을 수 없게 화가 나고, 그 상황을 어떻게 할 수 없는 무기력감에 빠져 침울해지거나 관계를 멀리하려는 것이 그 때문이다. 부모와의 관계에서 일어났던 감정들을 해결하지 못한 채 그와 유사한 장면에 대입해서 같은 행동을 반복하고 있었던 것이다.

심리치료가인 하비 재킨스(Harvey Jackins)는 이를 '무의식적인 연령 퇴행'이라고 말했다. 즉, 심리적 외상의 경험을 동반한 감정이 차단당하면 정신은 그 경험을 평가하거나 통합할 능력을 잃어버리고, 어떤 방식으로든 최초의 정신적 충격과 비슷한 경험을 할 때마다 실제로 일어난 일과는 상관없이 어떤 강력함을 느끼게 된다는 것이다. 이는 여러분도 알고 있는 유명한 파블로프(Pavlov)의 개 실험의 경우와 비슷하다. 이 실험에서 개는 매번 먹이를 먹을 때마다 종소리를 들었는데, 어느 정도의 시간이 지나고 나자 종소리를 들으면 먹이가 없는데도 침을 흘리게 되었던 것처럼 말이다.

서영 씨에게 고함 소리는 부모의 심한 다툼 속에서 들어야
만 했던 심한 욕설, 부모의 큰 소리, 깨지는 소리 때문에 느
꼈던 상실감, 버려짐, 소외감, 공포 등의 감정과 연결되어
있는 것이다. 지금 서영 씨에게 필요한 것은 자신의 두려움
과 마주하는 것이다. 고함의 한가운데 무서워서 숨죽이고 떨
고 있는 6살짜리 아이가 지금도 울고 있다는 것을 알아채야
한다. 그 울음 속에 그 아이의 모습과 감정들이 무엇인지 직
면해야 한다. 다시 말해서 상처받은 아이에게 어린 시절에
충족 못한 욕구나 해결되지 않은 감정들은 무엇인지, 그리고
어떻게 표출했는지를 알아차리고 직면해야 한다는 것이다.

그런데 문제는 우리의 마음속에 무엇이 일어나고 있는지
를 모른다는 데 있다. 대체로 우리는 내 마음속에 누가 있는
지 깊이 생각하지 않고 또 한편 내가 좀 구부러진 마음으로
살고 있다는 것도 인정하지 않는다. 우리의 마음에 무슨 문
제가 있냐고 생각하고 다른 사람 탓, 세상 탓으로 돌린다.
화를 내고 끙끙거리면서도 문제의 실마리를 풀어내지 못한
다. 고통의 늪 속에서 허우적거리다 더 깊은 수렁으로 들어
가는 줄도 모른다. 엉켜 있는 실타래를 풀어내려면 실의 첫
머리를 찾아야 하는 것처럼 먼저 상처 입은 어린 아이를 불

러내고 만나야 한다.

부모의 다툼 한가운데 그녀의 존재가 무시되고 소중하게 다루어지지 않았다는 원망과 화, 홀로 내팽개쳐졌다는 느낌, 수치심, 외로움 등에 대한 감정들 때문에 그동안 얼마나 두렵고 힘들었는지를 솔직하게 느끼고 슬퍼하는 감정을 만나야 한다. 그래서 자신의 마음속에 상처받은 내면아이가 자신의 인생을 어떻게 엉망으로 만들어 버렸는지 알아채고 어루만지고 보살펴 주어야만 상처가 치유될 수 있는 것이다.

그런데 우리는 상처를 인정했다가도 며칠 후에는 회피하는 자신을 발견할지도 모른다. 그렇더라도 포기하지 않고 계속해서 앞으로 나아가야 한다. 당신이 느낄 수 없는 것을 치유할 수는 없다. 당신이 오래된 감정을 경험하고, 내면아이를 위해 당신이 그와 마주할 때, 마음의 치유는 자연스럽게 일어난다.

지금의 살림형편은 여의치 않아도 더 넉넉한 미래를 준비하기 위해 은행에 돈을 저금하듯 '자기성장의 통장'을 만들어 지금부터 당신이 할 수 있는 만큼 차곡차곡 쌓아가야 한다. 분노나 두려움, 그리고 슬픔을 직면하고 이해해야 한다. 결과는 좋았다가도 나빠지는 등 기복이 있을지라도 말이다. 슬품을 쏟아내는 애도의 시간이 얼마나 걸리는지는 사람마다 다르다.

어찌 되었건 어린 시절에 상처 입었던 아이의 감정과 생각들, 그리고 모습을 알아차리고 직면하는 것이 자기 성장을 위한 첫걸음이다. 그런 후에 두렵고 힘들었던 아이의 마음을 격려하고 위로하는 자기와의 대화가 필요하다.

"그동안 너를 몰라봐서 미안해, 그동안 힘들었지", "네 모습 그대로를 사랑한다", "이제 널 내버려 두지 않을 거야."

그러니까 현재 나이의 당신이 어린 시기(상처 입은 내면아이 연령)의 상처받은 내면아이에게 격려해 주는 말이다. 하루 일과를 마치고 잠자리에 들기 전에 기도하는 마음으로 자신의 내면아이를 격려해 주어라. 간단하게 격려하는 방법 중의 하나는 왼쪽 손바닥으로 오른쪽 가슴 위쪽을 쓰다듬어 주면서 위의 내용대로 부드럽게 말하면 된다. 기억되는 연령의 상처 입은 내면아이(예: 5살인 신영아, 혹은 7살인 ~야)를 불러내서 격려해 주고 다독여 주는 자기와의 만남이 필요하다.

아버지를
등에 업고
사는 남자

한 남자가 나를 찾아왔다. 그 남자에게 아버지가 있었다. 모든 재산을 다 탕진하며 도박에 빠진 아버지는 혼자 방랑자처럼 떠돌아다녔다. 그리고 아내와 어린 자식들도 버렸다. 어린 아들에게 이유도 알 수 없는 아버지의 부재는 철저한 '버려짐'이었다. 홀로 이 세상에 내팽개쳐진 기분이었다. 외롭고 막막하고 불안했다. 그는 자신의 처지가 원망스러웠다.

초등학교에 입학했을 때도, 사춘기에 남성성을 키워야 하는 성장통을 앓을 때도, 대학 등록금이 모자라 쩔쩔맬 때도 아버지의 모습은 어디에도 찾을 수가 없었고 돌아오는 것은 늘 거절뿐이었다.

그럴 때마다 자신은 그런 무책임한 아버지와 같은 남자가 되지 않기로 결심했다. 그 결심이 무너질까 자신을 다잡았다. 지금까지 자신의 삶에 책임을 다하고 성실함을 놓치지 않으려고 부단히 노력하며 살았다.

　남자는 어릴 때부터 가장 노릇을 해야 했다. 엄마를 보호하고, 여동생을 보살펴야 했다. 매사를 똑 부러지게 하려고 무진 애를 썼다.

　지금 서른을 훌쩍 넘긴 남자는 자신의 책임을 다하지 못하고 무기력한 사람을 보면 욱하는 감정이 올라와 참지 못한다. 쉽게 소리 지르고 흥분한다. 일을 허술하게 하거나 잘 처리하지 못하는 직장동료나 상사를 보면 답답한 마음을 참을 수가 없다. 그래서 그 사람이 해야 할 몫까지 스스럼없이 혼자 다 처리하려고 애를 쓰며 일 속에 빠져 있다 보니 늘 피곤함의 연속이다.

　"왜 저렇게 바보 같지?", "능력 없으면 뒤로 물러나 있지" 하는 말을 입버릇처럼 달고 다닌다. 못마땅해서 죽을 지경이다.

　"당신을 고통 속에 빠뜨렸던, 보고 싶지 않은 무능력한 아버지의 모습이네요. 그래서 그런 비슷한 사람을 볼 때마다 화가 나고 분통이 터졌겠네요"라고 내가 말했다.

　그 남자는 멍하니 나를 쳐다보더니 망치로 머리를 한 대

얻어맞은 기분이라며 고개를 맥없이 젓는다.

'상처받은 어린아이'를 만난 모양이다. 그는 웅크리고 무서움에 떨고 있는 5살짜리 작은 남자아이를 불러냈다. 그런 아버지를 둔 자신이 부끄럽기도 했고, 친구들에게 보잘 것 없는 아이로 취급당할까 봐 두려웠다. 그래서 뭐든지 열심히 했고, 적극적이고 책임감이 강한 사람으로 자신을 키워 나갔다.

게으르고 무능력한 사람에 대한 화는 실은 무능하고 비겁한 아버지에 대한 분노였다. 어머니와 자식들을 버리고 간 무책임한 아버지에 대한 마음속 깊이 억눌려 있던 원망과 화가 현재 다른 사람과의 관계로, 조직사회로 향한 것이다. 그는 불합리하고 무책임한 사람을 아주 싫어했다. 무능력은 어릴 적 자신의 가정을 깨트린 아버지로 인식되었기 때문이다.

그러던 어느 날 아버지로부터 한 장의 편지가 날아왔다. '몸이 아프고 병들었으니 도와 달라'는 내용이었다. 진정한 사과라고는 눈을 씻고 봐도 찾아볼 수 없는 뻔뻔한 편지였다. 다시 분노가 치밀어 올랐다

여태껏 자신이 피해자로 살아왔는데, '이 편지 한 장으로 왜 내가 가해자로 둔갑해 버렸지?' 하는 생각에 몸서리를 쳤

아버지를 등에 업고 사는 남자

다. 그런 상황을 도저히 이해할 수 없었다. '아버지의 보살핌 없이도 이렇게 근사한 남자로 성장했다'고 복수하고 싶었는데…. 그는 분통 터져 절규했다.

"아직 아버지에게 복수할 것이 많은데, 진정으로 미안했다는 사과를 받아내야 하는데. 그렇게 힘없이 내려앉으면 절더러 어떻게 하라는 겁니까?"

한마디의 작별인사도 없이 떠나간 아버지는 자식을 버린 것이라 생각했다. 버림받음의 고통을 겪으라 그가 그동안 얼마나 힘들었는지 잘 알고 있었기에 내 마음 역시 먹먹해졌다.

우리가 헤어진 사람과의 마지막 작별인사에 대한 기억을 두고두고 회상하면서 슬픔과 원망을 되새긴다. 정신분석 전문의 김혜남 교수는 이별에 대한 의식이 필요하다고 했다. 사람들은 한마디의 작별인사도 없이 매몰차게 돌아서는 모습을 떠올리며 원통해하고 억울해하며 분노의 감정을 풀어낸다고 했다. 또 깊은 슬픔을 담고 힘없이 돌아서 가 버리는 쓸쓸한 뒷모습을 생각하면서 우리는 가슴을 쓸어내리며 구슬프게 울며 슬픔을 쏟아 낸다. 그가 말한 것처럼 우리가 이별의 장면을 회상하는 것은 받아들이기 힘든 헤어짐을 현실로 받아들이기 위해 마음의 근육을 키우는 작업이기도 하다. 그래서 이별에 대한 애도의 과정이 필요하다. 애도란 슬픔과 고통을 떠나보내기 위한 살풀이다. 그러한 과정을 통해서 고통이 주는 의미를 알아채고, 과거와 화해하고 더욱 가벼운 마음으로 앞으로의 삶을 맞이할 수 있는 채비를 하는 것이다. 시인 정일근이 〈가을 억새〉라는 시에서 알려 주는 것처럼 말이다.

때로는 이별하면서 살고 싶은 것이다
가스등이 켜진 추억의 플랫폼에서
마지막 상행선 열차로 그대를 떠나보내며
눈물에 젖은 손수건을 흔들거나
어둠이 묻어나는 유리창에 이마를 대고
터벅터벅 긴 골목길 돌아가는
그대의 뒷모습을 다시 보고 싶은 것이다
사랑 없는 시대의 이별이란
코끝이 찡해 오는 작별의 인사도 없이
작별의 축축한 별사도 없이
주머니에 손을 넣고 총총총
제 갈 길로 바쁘게 돌아서는 사람들
사랑 없는 수많은 만남과 이별 속에서

이제 누가 이별을 위해 눈물을 흘려주겠는가
이별 뒤의 뜨거운 재회를 기다리겠는가
하산길 돌아보면 별이 뜨는 가을 능선에
잘 가라 잘 가라 손 흔들고 섰는 억새
때로는 억새처럼 손 흔들고 살고 싶은 것이다
가을 저녁 그대가 흔드는 작별의 흰 손수건에
내 생애 가장 깨끗한 눈물 적시고 싶은 것이다

시에서 말했듯이 잘 가라 손 흔들며 슬픔에 젖어 울어야 하는 것이다. 새로운 시작을 위해서 말이다.

그 남자 역시 작별의 인사도 없이 혼자 홀연히 떠나갔던 아버지 때문에 수십 년을 원망과 절망 속을 헤매느라 현재를 잃어버리고 살았는데…. 떠나갈 때처럼 명령적인 편지 한 장으로 과거의 모든 고통을 지워버리라고 강요하고 있다.

나는 그에게 그동안 아버지에게 하고 싶었던 말을 편지로 써서 낭독해 보라고 했다. 그 남자는 5살짜리 아이로 돌아가 자신에게 한마디의 작별인사도 없이 무정하게 돌아섰던 아버지를 울먹이는 목소리로 불렀다. 편지의 마지막 소절을 읽어 내려갈 때, 그의 두 손은 파르르 떨고 있었다.

만약 아버지가 날 찾아주었더라면….

이렇게까지 외롭고 세상이 두렵지 않았을 겁니다.

내게 단 한 번이라도 미안하다고 사랑한다고 말해 줬더라면….

고통스런 나날들을 보내면서 헛되이 살지는 않았을 겁니다.

나는 아버지가 내게 조금이라도 관심 가져주길 정말 간절히 바랐었습니다.

그는 편지를 미처 다 읽지 못하고 테이블 위에 놓으면서 통곡하기 시작했다. 그에게 실컷 목 놓아 울어도 괜찮다는 격려를 보내면서 나는 기다렸다. 통곡과 함께 자신을 보호하기 위해 지난 30년 넘게 마음 깊숙이 쌓아왔던 방어의 벽이 무너져 내리기 시작했는지 조금은 가벼운 표정을 지으며 그가 말했다.

"그러나 아직 아버지를 용서할 수는 없을 것 같습니다. 내가 아버지를 받아들일 수 있는 시간과 기회를 저에게 주지 않았습니다. 그러나 내가 아버지에 대한 미움과 원망 때문에 나 자신의 삶을 잃어버리고 살아왔다는 사실을 깨달았습니다. 그동안 전혀 생각지 못했던 점입니다. 내 마음을 찾은 기분입니다. 그리고 어린 딸과 단둘이 있으면 무엇을 하고 놀아야 할지 잘 몰라서 자신도 모르게 되도록 단둘이 있는 기회를 피해 왔던 그 마음도 이제야 알 것 같습니다."

그는 딸을 볼 때 가끔 서먹한 마음을 가질 수밖에 없었던 그 이유를 알아채고는 다시 눈가에 눈물이 맺혔다.

시냇물은 울퉁불퉁한 조약돌들이 서로 부딪치면서 자연의 아름다운 소리를 낸다. 물 흐르듯 말하는 과정을 통해서 우리는 '상처 입은 내면아이'를 불러내고, 자신의 과거와 현재를 연결시키고 새로운 자신을 만나게 된다.

그 남자는 그동안 마음속에 숨어 있던 상처 입은 어린아이를 들여다볼 엄두조차 내지 못했다. 두려움과 불안에 떨고 있는 그 아이를 마주할 용기가 없었던 것이다. 그러나 그는 마침내 용기를 내어 그 아이의 아픔을 보았고, 상처를 어루만져 주었다. 첫 걸음마를 내딛는 아이처럼 그는 자신을 대견스러워하면서도 힘들어했다. 옆에서 지켜보는 나 역시 때로는 그가 힘들어 중도에 포기하지 않을까 내심 걱정했다. 그런데 다음 세션 때 나를 찾아온 그는 무거운 짐을 내려놓은 듯 한결 가벼워진 표정을 지으며 말했다.

"늘 몸이 무겁고 피곤함의 연속이었는데, 지금은 가볍습니다. 진정한 나를 만난 행복과 생각의 유연함이 무엇인지 이제 알 것 같습니다."

이제 그는 더 이상 상처받았던 어린 시절의 옛 감정에 연연하지 않았고, 오히려 자신 속에 자리 잡고 있는 이 외로운 아이를 잘 돌봐야겠다는 말을 덧붙였다.

상처 없는
삶은 없다

세상에 완벽한 부모는 존재하지 않는다. 부모 역시 욕망하는 인간이므로 때로는 부부 간의 갈등을 애꿎은 아이를 탓하는 것으로 그 화를 풀 수도 있다. 그러다가 기분이 좋으면 불시에 사랑을 쏟아 붓는다. 자식 사랑이 부모의 기분에 따라 널을 뛴다. 부모의 사랑을 예측할 수 없는 아이는 외로움과 두려움을 느껴 큰 상처를 입는다.

부모님이 일찍 돌아가셨을 수도, 아버지가 알코올 중독자였을 수도, 어머니가 우울증을 겪어 아이를 돌보지 못했을 수도 있다. 또 가정에 온기가 없이 긴장된 분위기 속에서 눈치 보며 살았을 수도 있고, 매를 맞거나 무관심에 시달리거나 부모님의 끊임없는 싸움을 무기력하게 바라봤던 사람도 있을 것이다. 혹은 아이의 일에 사사건건 간섭하는 엄마 밑에서 아이는 자신의 삶을 스스로 선택할 수 있는 자율성을 빼앗긴 경우도 있을 것이다. 이런 환경 속에서 우리는 좌절하고 원망하고 분노하는 과정을 통해서 자신을 '못난 사람', '가치 없는 사람'으로 내면화시킨다. 크든 작든 상처 없는 삶은 없다는 것이다. 상처로부터 자유롭지 못한 것이 우리의 삶인 것이다.

그런데 이때 아이가 상처를 입었는데 아무도 알아차리지 못하거나 격려받지 못하면 깊은 상흔을 남기고 마음속 깊은 곳으로 숨어 버린다. 그리고 거기서 발달을 멈추어 버린다. 그 결과 상처 입은 부분에 대해서는 정서적으로 미숙한 사람이 되는 불균형한 발달이 이루어진다. 물론 어느 한 부분이 발달을 멈추었다고 해서 그 아이의 전반적인 성장이 멈추는 것은 아니다. 상처 입은 부분을 제외한 다른 부분은 발달해 나간다. 그러나 상처 입고 안으로 숨어든 아이의 시간은 과거에서 정지되어 버린다. 이를 프로이트는 '심리적 고착'이라고도 했다.

문제는 과거의 시간에 머물러 있는 '상처 입은 어린아이'는 현재의 삶에 살아 숨 쉬면서 지속적으로 영향을 미친다는 것이 문제다.

상처 입은 어린아이는 고통에서 벗어나고자 일상에서, 다른 사람들과의 관계를 통해서 우리 자신을 자극시키며 알린다. 그런데 우리는 상처받았던 일을 아예 부정하거나 외면하고 고개를 돌리고 알려고도 하지 않는다.

맹자는 닭이나 개가 집을 나가면 온 식구가 찾으러 나가지만 정작 자기 자신은 누군지 모르면서 찾지 않는다고 말했다. 이렇듯 우리는 내 마음의 소리를 귀담아듣지 않는다. 뒤틀리고 구부러진 마음으로 살고 있다는 것을 인정하지 않으려고 한다. 내가 아니라 다른 사람이 문제라고 생각한다. 만일 계속해서 비슷한 고통이 반복되고 있다면 혹시 그 고통이 내 마음속 아이가 몸부림치는 소리가 아닌지 주의 깊게 살펴볼 필요가 있다. 그래서 그 아이의 존재를 알리려는 소리라면 우리는 그 아이가 고통스러웠던 기억으로부터 벗어나게 도와주어야 한다. 하루 속히 과거의 분노와 화해하는 시간을 가져야 한다.

그렇다고 해서 상처 입은 과거의 경험들을 무조건 용서하라는 것은 아니다. 그 일이 나에게 일어났다는 것은 슬픈 일이다. 그러나 부모님도 단점을 가진 인간이며, 내가 이럴 수밖에 없었듯이 부모 역시 그럴 수밖에 없었던 이유가 부모의 원가족 속에서 경험했던 상처 입은 아이가 살아 숨 쉬고 있었다는 것을 이해하면 분노를 누그러뜨리는 데 많은 도움이 될 것이다. 우리는 부모가 우리에게 준 상처 때문에 분노한다.

내담자들에게 "지금 이 자리에 아버님이(또는 어머님이) 계신다면 무슨 말을 듣고 싶으세요?" 하고 물으면 "사랑했노라고. 그리고 정말 미안했다"는 사과를 듣고 싶어 하는 사람이 대부분이다. 이처럼 당신이 아직 분노하는 이유는 사랑을 받고 싶어서다. 미안했다는 사과를 듣고 싶기 때문이다. 이것이 당신이 진정으로 받고 싶은 선물이라는 것을 인정한다면 현재의 사랑을 찾아 당신의 삶 속으로 떠날 수 있을 것이다.

상처받은 내면아이
어떻게 만나야 하나

장점 속에
상처 입은
어린아이 있다

　자신에게 강점이 될 수 있는 장점들은 대부분 열등감 속에서 몸부림치며 얻어낸 긍정적 자원이다. 마치 모래를 뱉어 내기 위해 안간힘을 쓰다가 생겨난 조개 속의 영롱한 진주처럼, 우리의 장점 또한 열등감의 보상작용으로 만들어 낸 것들이 대부분이다.

　아버지처럼 무책임한 사람이 되지 않겠다며 매사에 적극적이고 책임감 있는 성격을 키워 낸 남자, 부모와 형제로부터 소외당했던 외로움을 달래기 위해 혼자 생각하는 시간을 많이 갖다 보니 인간의 마음을 이해하는 뛰어난 재능을 키워 낸 심리상담가, "너 언제 다 할래? 보고 있으려니 속 터져 죽겠네!" 하는 엄마의 소리가 듣기 싫어서 순발력을 키워 낸 여자.

이처럼 우리들의 장점은 열등감으로부터 벗어나기 위해 얻은 보상이다. 그러니 장점은 그냥 생긴 게 아니다. 열등감으로 작용되었던 과거경험으로부터 벗어나기 위해 우리의 땀과 노력 끝에 얻어낸 빛이다.

장점에서 시작되는 과거 탐색은 촛불을 손에 들고 마음의 문고리를 잡아당기는 것이나 다름없다. 마음의 어둠 속을 비춰 본다면 조금은 편안한 마음으로 '상처 입은 어린아이'를 마주할 수 있을 것이다. 동전의 앞면과 뒷면처럼 '상처 입은 아이' 역시 장점 뒤편에 숨어 있다.

긴장감이 덜한 장점으로부터 과거 탐색을 시작하면, 보다 편안한 마음으로 자유롭게 떠오르는 생각들과 과거경험들을 표현할 수 있을 것이다. 전문가의 도움 없이 섣불리 떠올리고 싶지 않은 과거의 아픈 기억들을 불러낸다면 혼자 감당하기 힘들 뿐 아니라 자칫하면 다시 정신적 상처를 받을지도 모른다. 특히 두려움과 수치심, 절망 같은 감정을 다룰 만한 내적인 힘이 약한 사람의 경우에 이러한 위험은 더할 것이다.

'상처 입은 어린아이'를 불러낼 때는 묘지에서 유골을 파내듯, 과거로부터 끔찍한 경험들을 일깨우기보다는 현재의 장점에 초점을 맞추는 것이 훨씬 수월하다. 도랑 치고 가재 잡는 일석이조의 효과를 가져올 수 있다.

그런데 심리학 이론들은 역사적으로 약점에 뿌리를 두고 삶에서 부정적인 경험들을 바로잡는 데 몰두해 왔다. 이것은 간혹 내담자의 내적 능력에 따라서 또 다른 혼란과 상처를 줄 수도 있을 것이다. 그러나 긍정적인 정서를 담고 있는 장점을 통한 자기 탐색은 자기 개방과 행복감의 증가를 가져올 것이다.

삶에서 겪게 되는 상처를 극복해 나가면 마음의 새살이 돋아나기 마련이다. 바로 이 새살이 현재와 미래의 삶에 강점으로 작용할 수 있는 장점인 것이다. 그러나 상흔 때문에 날씨가 흐리거나 비올 때 몸이 쑤시는 것처럼 우리의 장점 또한 때때로 스트레스로 다가온다. 가지고 태어난 기질적인 장점을 제외한 대부분의 장점은 애쓰고 노력한 결과로 생겨난 것이기 때문이다.

어느 날 나는 부지런하고 매사에 적극적으로 대처해 나가는 나의 장점을 사용하지 않고 가끔 손을 놓아 버리는 행동패턴을 반복하는 나 자신을 발견했다. 그럴 때마다 몸이 아프다는 이유가 있었고, 원하는 만큼 게으름을 피울 수 있었다. 그런데 게으름 속에 불안이 있음을 보았다.

나는 순발력이 있고, 고등학교 시절에는 교내 배구선수를 할 정도로 운동을 곧잘 하고 또 좋아했다. 게다가 매사에 적극적이고 끈기가 있는 점이 나의 장점 중의 일부이다. 그런 내게 가끔은 게으름을 편안하게 허용하지 못하고 왜 불안해 할까?

본래의 나는 행동이 굼뜨고 느린 아이였다. 이 생각, 저 생각 끝에 행동으로 옮기는 편이었다. 조용히 내적 탐색을 즐기는 것을 좋아했던 것으로 기억한다. 그러다 보니 이성적이고 적극적인 성향을 띤 나의 어머니는 무엇이든지 빨리빨리 해치우기를 늘 요청했다. 내가 늘 들어야 했던 말은 "빨리 좀 해. 왜 그렇게 느려 터졌어"였다. '느려 터진 아이'는 나에게 열등감을 안겨 주는 상처였다.

열등한 아이로 취급받는 것이 싫었던 나는 몸을 먼저 움직이는 훈련을 스스로 하기 시작했다. 엄마의 말이 떨어지기 전에 내가 먼저 행동으로 옮겼고, 적극적인 나를 만들었던 이야기가 내 기억 속에 담겨 있었다.

게으름에 빠지지 않도록 자기 통제를 사용해 나가면서 순발력을 키워냈다. 결국 현재 나의 장점이 되는 순발력은 어린 시절에 겪었던 정신적 상처로부터 극복해 나가기 위해 노력해서 얻어낸 훈장이다. 그러니 순발력에 대한 균형감각을 잃게 될 때 그것은 나에게 오히려 스트레스가 되는 셈이다.

여러분도 잠시 짬을 내어 장점들을 하나씩 써 보라. 그리고 그 장점을 키우기까지 그와 관련해서 어린 시절에 어떤 일들이 있었는지 과거여행을 떠나 보라. 그 장점의 내력 속에 함께 존재하고 있는 '상처 입은 어린아이'를 만나게 될 것이다.

장점 속에 상처 입은 어린아이 있다

절박함 속의 변화

　오래 전에 정신과 병원에서 가족치료사로, 행정병원장으로 근무할 때의 일이다. 어느 날 아침 조회를 하기 위해 2층 병실로 올라갈 준비를 하고 있는데, 일층 로비가 시끌벅적했다. 병원 3층(남자환자 입원실)에서 시커먼 연기가 나온다고 이웃 사람이 알려 주었다. 행정직원들에게 "내가 올라가서 무슨 일이 생겼는지 연락할 때까지 조용히 기다려 주세요. 그리고 빨리 소방서에 전화하세요"라고 말한 뒤 먼저 3층 병동으로 한걸음에 달려갔다. 한 계단씩 뛰어 올라가면서 생각했다.

　'침착하자! 소리 지르면 다른 환자들을 더 위험에 빠트릴지도 모른다'는 생각에 집중했다. 그리고 나는 침착하게 일을 처리해 나갔다. 다행히 불은 크게 나지 않았고 3층 남자 환자 병동의 I. C. U 병실(환자가 자해를 하거나 타인을 해치는 파괴적인 행동을 할 때 응급조치를 하는 1인 병실)에서 연기가 새어 나오고 있었다. 의사나 직원들은 전혀 모르는 눈치였고 아침 회진을 하고 있는 중이었다. 나는 의사에게 다가가 조용히 귓속말로 말했다.

"I. C. U에 불이 났어요. 환자들을 4층 체육관으로 올려 보냈으면 하는데요."

곧바로 남자 직원 몇 명은 3층 병동 복도 벽에 설치된 소방 호스 박스를 깨트렸고, 호스로 물을 뿌려 I. C. U에 있는 환자를 데리고 나왔다. 방에 불꽃은 찾아볼 수 없었다. 다만 환자가 누워 있었던 매트리스가 타는 바람에 시커먼 연기가 뿜어져 나오고 있었던 것이다.

일회용 라이터로 매트리스에 불을 붙이자 겁이 난 환자는 스스로 뜨거운 매트리스를 뒤집어쓰고 있었다. 일회용 라이터를 어디서 슬쩍 구한 모양이다. 면회 시에 환자 가족들에게 위험한 물건들을 건네주지 말라는 당부의 말과 또 정기적인 가족 교육을 하지만 개중에는 가끔 환자들의 부탁을 거절 못 하는 사람들이 있기 마련이다.

안타까운 심정을 뒤로하고 환자의 응급조치가 급선무였다. 환자는 곧바로 다른 병원으로 이송되어 입원치료를 했다. 1차 성형수술을 마친 후 2차 성형수술이 예약된 상태였다.

그러나 가족들은 엄청난 액수의 돈을 요구했다. 가족들은 병원 로비에서 술을 마시고, 고기를 구워먹으면서 난동을 부렸고, 보상을 요구했다.

상황은 급박하게 돌아갔다. 한 가지 원칙만은 분명했다. 그들의 화는 수용하고 말은 들어주되 다른 환자들을 위험에 빠뜨려서는 안 된다는 것이었다. 그랬다간 또 다른 불상사가 일어날 것이고, 그것은 병원을 더 큰 곤경에 빠트릴 것이 분명했다.

거기다 화가 펄펄 끓는 가족들에게 기름을 부어 버리는 일이 생기면 더 큰일이지 않는가! 행정직원들에게 "가족들이 화가 잔뜩 나 있으니, 우선 되도록 피하는 것이 상책이며, 동요하지 말라"는 당부도 잊지 않았다. 외래환자들의 공간을 일시적으로 따로 마련했다.

가족들은 나와 함께 테이블에서 보상요구를 협상하지 않으려고 했다. 외래 로비 바닥에 주저앉아 고기를 구워 먹고, 마시고 난 빈 술병을 산산조각이 나도록 바닥에 깨부쉈다.

저 행동은 무엇을 의미하는 것일까? 다른 환자들에게까지 위협적인 언사를 서슴없이 내뱉는 저 분노는 무엇을 의미할까?

입원 시에 탐색했던 가족력이 떠올랐다.

경제적으로 궁핍했던 가족들은 정신지체에 중학교 졸업 무렵부터 정신분열증을 앓아 왔던 환자를 오래 전에 만성 정신병환자를 수용하는 시설로 보냈다. 그런데 환자는 혼자 수용시설을 빠져나와 집을 찾아가던 중 교통사고를 당했다. 교통사고 후유증으로 정신병에 걸렸다는 보고에 의해 보험회사로부터 의뢰받은 환자였다.

그랬다. 가족의 폭력적인 협박은 '죄책감'이었다. 가족으로부터 버림받은 불쌍한 동생을 병원이 돌봐주지 못했다는 것이다. 병원의 관리 소홀이 가족들의 '죄책감'을 건드린 것이다. 동생에 대한 죄스런 마음을 대신해서 뺨을 맞고 싶던 차에 병원이 때려 준 격이 됐다. 난 생각했다. 분노를 삭이고 가족들의 죄책감을 터트릴 수 있도록 기다리기로 했다. 며칠이 지나자 형이 내게 다가와 협상을 요구했다. 협상을 하기 전에 그들에게 격려의 밥상을 먼저 차려 주어야겠다는 마음을 먹었다.

"지금 어떤 감정 때문에 이러시는지 조금은 이해할 수 있을 것 같습니다. 이제 동생이 병원에서 치료받을 수 있게 되어 한시름 놓았는데, 오히려 사고를 당했으니 주체할 수 없을 만큼 화가 많이 나셨겠네요."

순간 칼날 같았던 형의 눈빛에서 촉촉이 눈물이 고여 왔다.

"잘 아시면서 왜 그랬습니까?" 그의 눈에서 봇물 터지듯 눈물이 주르륵 흘러 내렸다. 그의 질문에는 대항하지 않고, 나는 덧붙였다.

"당신이 흘리는 눈물은 동생에 대한 미안함과 죄스런 마음 때문이군요. 맞나요?"

그들은 더 이상 잔뜩 화가 난 공포스러운 협박자가 아니었다.

"유리조각에 벤 상처부터 치료합시다. 보상 이야기는 내일 제 방에서 다시 하지요."

내 마음 속에서 안도의 깊은 숨이 빠져나왔다.

이런 나의 모습을 보면서 직원들은 "여자가 보통 배포가 큰 게 아니다" 라고들 했다. 하지만 이런 저런 사건들이 앞에 닥칠 때마다 순간 내 마음속에서는 뭔가 '쿵' 하는 소리와 함께 차분히 열기가 가라앉음을 느끼는 동시에 나 자신에게 '정신을 차리고 앞을 똑바로 보라'고 스스로에게 타이르고 있다는 것을 알아차렸다.

"차분히 일을 처리하는 배포 큰 행동은 어디서 비롯되었을까?"

반복되는 자문 끝에 비슷한 감정을 느꼈던 어린 시절의 장면들이 떠올랐다.

정신과 의사인 나의 아버지는 천식, 당뇨, 고혈압 등의 여러 병마와 싸우면서 평생을 보냈다. 내가 중학교에 들어가면서부터는 숨이 넘어갈 정도의 심한 기침과 가래 때문에 거의 매일 밤 죽음과 싸워야 했다(그 당시에는 천식에 대한 적절한 약과 처방이 없었다).

그러다 죽음의 문턱까지 갈 것 같은 다급한 응급상황이 생기면 엄마는 자식들과의 이별을 치르기 위해 한밤중에 딸들을 불러 깨웠다. 잠결에 불려 나온 우리는 죽음의 문턱에서 이별을 고하려는 아버지를 목청 놓아 울며 불렀다. 참담하리만큼 깊은 슬픔이 나를 휘감았다. 남은 우리 가족은 척박한 세상으로 내던져질지도 모른다는 두려움에 휩싸였다. 이 싸움은 내가 고등학교 졸업할 때까지 계속되었다.

침통한 싸움은 6년이라는 세월이 흐르면서 서서히 약해져 갔고, 안도의 숨을 쉴 수 있을 만큼의 여유가 생기기 시작했다.

아버지는 '죽음'을 자신의 삶의 일부로 친구처럼 주머니에 넣고 다니셨다. 편안하고 온화한 몸짓에서 넉넉함이 보였다.

세 번의 대수술을 받으러 가실 때도 딸의 손을 붙잡고 늘 잊지 않고 하시는 말씀이 있었다. "당해야 한다면 피하지 말고 담담하게 받아들여라"였다.

잠결에 밖에서 조그만 소리가 들리면 내 마음속에서 '쿵'하는 소리와 더불어 '올 것이 왔구나' 하는 생각과 함께 평소에 아버지가 말한 것처럼 '당해야 한다면 피하지 말고 담담하게 받아들이자'는 말을 되뇌곤 했다. 그것은 처절한 피눈물을 흘리면서 얻은 정신적 새살이다.

아버지가 죽음의 경계를 넘나드는 밤을 치른 다음날도 아침이 되면 해는 떴다. 아침 햇살처럼 아버지 역시 깔끔하게 면도를 하고 넥타이로 한껏 멋을 낸 다음 환자를 맞이했다. 환한 미소로 우리를 안심시키며 농담을 하는 여유를 보이기도 했다.

어떨 때는 상담 중에 천식으로 인해 호흡이 가빠지면 환자에게 양해를 구하고 산소마스크를 쓰고 호흡을 진정시켜 가면서 상담을 계속하는 경우도 종종 있었다. 답답한 상황을 만드는 의사를 나무랄 만도 한데 희한하게도 환자들은 순순히 받아들였고, 기다려 주는 것을 서슴지 않았다. 평소에 의사와 환자 간에 '진정한 만남'이 이루어졌으니 가능했던 것이라 생각한다.

그러는 동안 의학의 발달로 천식을 치유하는 약들이 많이 개발되었고, 평소에 약속한 기일보다 훨씬 긴 세월을 가족들과 함께했다. 나의 아들인 큰손자가 고등학교를 졸업할 무렵까지.

분석심리학의 창시자인 카를 구스타프 융이 '인간은 절박함 없이는 변하는 것이 아무것도 없다'고 말했다. 그처럼 나에게 따뜻한 인간애가 무엇인지 일깨워 준 아버지와 영원히 이별할지도 모른다는 두려움과 공포를 끊임없이 만나야 하는 시간 속에 내가 존재했다. 그리고 죽음의 경계를 넘나드는 절박한 아버지의 모습 속에서 피하지 않고 담담하게 받아들이는 힘을 길러냈다.

예측하지 못한 크고 작은 상실을 겪고 상처를 받을 때마다 우리의 몸과 마음은 피눈물을 흘린다. 그러나 얼마 안 있어 피와 눈물이 멎으면서 찢어진 상처 위로 새살이 돋아나기 시작한다. 그 새살은 이전보다 더욱 단단해져서 우리의 힘을 키우는 데 도움을 주기도 한다.

우리 모두는 자연치유력을 갖고 있다. 모든 상처나 병을 이겨내는 것은 바로 자신이다. 단지 자신에게 그러한 힘이 있는 것을 모르고 있을 뿐이다.

우리는 상처를 극복하는 과정에서 숨겨진 자신의 힘을 발견한다. 그러나 모든 상처에는 흉터가 남는다. 그 흉터는 우리가 어떻게 받아들이느냐에 따라 삶의 훈장이 될 수도 있고, 숨기고 싶은 창피한 흔적이 될 수도 있다.

그래서 상처는 치유되면서 우리 안에 숨어 있는 힘을 이끌어 내기도 한다. 상실과 상처를 입고 무너지는 것도 자신이고, 그것을 통해서 배우고 성장하는 것도 자신이라는 사실을 잊지 말아야 한다.

돌이킬 수 없는 상처를 입었다고 주저앉아 한탄만 한다면 우리는 소중한 현재와 미래를 잃게 된다. 그 상처가 우리에게 말하는 것에 가만히 귀 기울이고, 그 의미가 무엇인지 들여다보아야 한다. 그리고 상처 입은 자신을 격려하고 다독인다면 그 순간부터 그것은 어둠이 아니라 빛으로 다가온다. 어느 누구도 이 선물을 내게 가져다줄 수 없다는 것을 명심하길 바란다.

좋은 세상의
이력서

　내가 누구인지를 알기 위한 작업이 꼭 여러분들이 겪었던 나쁜 일들을 모두 나열하는 길만 있지 않다는 것을 알려 주고 싶다. 그래서 좋은 세상의 이력서를 써 보면 나와 관계했던 사람들과 나쁜 일만 있었던 것이 아니라는 것을 알게 될 것이다.

　여러분도 부모가 나에게 상처만 주었던 사람이 아니라는 것을 잘 안다. 기분 좋은 행복감을 느끼게 해주었던 순간들이 사진 찍혀 기억의 창고에 저장되어 있다. 다만 현재의 문제에 떠밀려 행복하고 기분 좋았던 기억들이 숨겨져 있을 뿐이다.

　나는 여러분이 어린 시절의 즐겁고 재미있었던 상황들을

모두 기억해 내기를 바란다. 아주 사소하고 일상적인 일이어도 상관없다. 햇볕이 내리쬐는 반짝이는 강물을 보고 감탄했던 일, 따뜻한 봄날에 밭일하는 엄마, 아빠를 바라보며 풀밭에 누웠던 일, 교회 뒷마당에서 친구들과 깔깔대고 웃었던 일, 할머니가 그네를 밀어 주던 일, 잠들기 전 엄마가 동화책 읽어 주던 일 등을 기억해 보라.

만약 여러분이 어린 시절을 매우 힘들게 보냈다 해도 행복하고 편안했던 순간이 전혀 없지는 않다. 다만 기억을 못할 뿐이지.

내담자들에게 어린 시절을 기억해 보라고 청하면 거의 모든 사람들이 부정적인 사건부터 말하기 시작한다. 사실 우리를 힘들게 하는 것은 슬프거나 절망스럽거나 부끄럽거나 가슴 아픈 기억들이다. 이런 일들은 마치 우리 기억 속에 단단한 시멘트처럼 굳어 있는 듯하다.

심리치료가인 바우마이스터는 다양한 영역의 심리적 현상에서 나쁜 것은 좋은 것보다 강하다고 했다. 부부치료가인 가트맨 역시 긍정적인 상호작용과 부정적인 상호작용의 비율이 5 : 1 정도여야 하며, 그렇지 않을 경우 관계가 실패할 가능성이 높다고 제안했다. 이처럼 우리는 힘들고 고통스런 부정적인 경험에 더 몰두하는 경향이 있다.

그러나 가만히 생각해 보면 알코올 중독으로 폭력을 휘두르고 가족들을 못살게 구는 아버지였다 하더라도 1년 12달 그렇지는 않았을 것이다. 어쩌다 술을 마시지 않은 날은 기분 좋게 말을 걸어 주는 날도 있었을 것이고, 어떤 때는 달콤한 아이스크림을 사 와서 잠든 자식들을 깨워 "너희들 먹이려고 맛있는 딸기 아이스크림 사왔으니 먹어 봐" 라고 말하며 다정한 미소로 그동안 미안했던 마음을 풀어 주려고 했던 적도 있었을 것이다. 다정했던 아버지의 미소와 접목되어 있는 딸기 아이스크림은 그 순간 그지없이 편안한 분위기를 제공해 준 의미가 담긴 특별한 간식이다. 그래서 어떤 이는 자신도 모르게 긴장감을 풀기 위해 딸기 아이스크림을 찾게 된다. 딸기 아이스크림 속에 담겨 있는 의미는 알아차리지 못하고 그냥 '딸기 아이스크림을 좋아하나 보다' 라고만 생각할 뿐이다.

사람들은 가족 내에서 긴장감과 불안감만 안겨 주었던 싫은 부모의 모습만 강하게 기억할 뿐 그 문제를 해결해 나갈 수 있는 대안 역시 부모와 함께 했던 좋은 기억 속에 존재한다는 것을 알아차리지 못한다.

그렇다. 우리는 누군가와 다툼이 있거나, 일이 잘 풀리지 않거나, 어려움을 겪을 때마다 유독 찾게 되는 음식, 공간, 사람, 물건들이 있다. 그 속에는 부모와 함께했던 기분 좋았던 장면들, 즉 좋은 세상이 담겨 있기 때문이다.

어느 날 한 여인이 찾아왔다. 화장기 없는 얼굴에 울먹이는 표정을 지으며 "몸속에 에너지가 고갈된 것 같아 직장을 그만두고 싶다"고 했다. 자신이 진정으로 원하는 일인지 확신이 없고, 그 무엇보다 일에 대한 열정과 재미를 느끼지 못하겠다고 했다. 버겁다는 중압감에 눌려 늘 피곤함에 시달린다고 했다. 첫애를 출산할 때 1년 휴직을 해 보았지만 소용이 없었다. 그냥 모든 일들이 힘들고 버겁다는 중압감이 심했다. 그러니 사는 재미가 없었다.

그녀에게 직장은 결혼을 잘하기 위한 조건 중의 하나였다. 평범한 외모에 게다가 형편없는 친정집의 살림에도 불구하고 시댁에서 받아들인 이유도 그녀가 전문직에 종사하는 여성이라는 것에 있었다. 직장생활이 힘들어 그만두겠다고 남편에게 말하면 늘 시어머니가 대신 "네가 그 직장에 안 다녔으면 나 결혼 안 시켰다"라고 했다.

어차피 한 번뿐인 인생인데 노예처럼 하기 싫은 일을 억지

로 하며 살고 싶지 않다는 생각이 스멀스멀 올라왔다. '살아
봤자 누구 하나 나를 알아주는 사람도 없는데, 뭘 그렇게 악
착같이 살지?' 그냥 쉬고 싶다는 생각에 일이 손에 잡히질 않
았다. 이러다 죽을 거 같아서 결국 1년 휴직계를 던졌다.

　살아야겠다는 마음에 그녀는 나이 지긋한 상담가를 찾았
다고 했다. 어떻게 알고 찾아왔는지 물었다. "연구소 홈페이
지에 올려놓은 선생님의 이력서를 보고 나이를 짐작 했죠."

　그녀에게 나이가 주는 의미가 무엇인지 궁금했다. 그녀의
부모가 채워 주지 못한 사랑을 찾아 헤매고 있는 것일까? 내
짐작을 확인해 주듯 떼쓰는 아이처럼 무슨 말을 해도 자신의
얘기를 무조건 들어달란다. 어떤 날은 예약시간보다 일찍 온
다음 내담자가 대기실에서 기다리고 있는 작은 소리에도 신
경질을 부렸다. 온전하게 자신만을 챙기길 바란 모양이다.

　"이 시간은 온전히 제 시간 아니에요?"

　"방해받는 것이 싫은 모양이네요. 빼앗긴다는 느낌인가요?"

　"네, 이 시간에 나 외에 다른 사람이 끼어든다는 것이 싫
어요."

　"당신의 상담시간을 방해받는다는 것인가요? 아니면 나를
빼앗길 것 같나요?"

그녀는 흠칫 놀라는 표정으로 이내 고개를 떨어뜨렸다. 침묵으로 화를 가라앉히는 모양이다.

　"당신은 지금의 고통을 끝내기는커녕 또 나와의 관계에서도 빼앗기는 또 다른 고통을 경험하게 될까 봐 두려우신가요?"

　"… 네."

　그녀는 터질듯 말듯, 울음을 머금고 있다. 벌써 눈자위가 빨개졌다. '빼앗기다', '챙기다' 라는 두 단어가 그녀를 건드린 것일까?

　내담자가 울려고 하면 나는 참지 말고 울라고 말한다. 그 울음을 들어줄 수 있으니 마음껏 울라고 한다. 그녀는 울었다. 서럽게 울면서 자신이 그동안 얼마나 버겁고 힘들었는지 그 누구도 모를 거라고 했다. 가슴에 멍이 들 정도로 심하게 외로웠다는 말을 시작으로 과거여행을 떠났다.

　술만 마시며 집에서 할 일 없이 무위도식하는 아버지를 대신해 어머니는 이 집 저 집을 다니며 가사도우미 일을 했다. 게다가 집안 살림에 자식들 먹이고 입히는 일을 혼자 도맡아 하느라 늘 힘들었다. 그러다 보니 어머니는 자식들의 일은 스스로 알아서 하길 바랐다. 자식들이 조금이라도 힘든 내색을 하면 "그런 일 하나 제대로 못하냐, 엄마도 힘들어 죽겠다. 너 알아서 해" 하는 말만 돌아왔다. 그녀의 뇌리 속에 비수처럼 박혀 있는 이 말은 지금까지 그녀를 괴롭히고 있다. 직장, 자녀 양육, 고부간 갈등 속에서 허우적거릴 때조차도 누구에게 도움을 요청할 수가 없었다. 챙김을 받지 못하는 자신이 불쌍하고 서러웠다.

그리고 분하고 화가 났다. 남편과는 주말부부로 지내고 있고, 더 괘씸한 것은 친정엄마가 그녀를 거들떠보지도 않는다는 것이다. 출산할 때, 아파서 몸져누워 있을 때조차도 도움의 손길을 받아 본 적이 없다. 너무 힘들어 손자들을 잠깐 봐 달라고 부탁하면 "너 알아서 해. 오늘 바빠"였다. 돌아오는 상실감과 배신감은 이루 말할 수가 없었다.

그럴 때마다 서럽고 무섭도록 외로울 때 그녀가 찾는 곳이 있었다. 숲 향기가 가득한 산이다. 산은 언제나 그녀를 따뜻하게 반겨 주었고, 온화한 미소로 맞아 주었다. 산에 가면 웅대한 가슴에 포근하게 안겨 있는 듯했다. 바람에 흔들거리는 나뭇잎 사이로 내리쬐는 햇빛, 나뭇가지가 흔들리는 바람 소리, 산을 타고 내려오는 물 흐르는 소리가 자신을 정답게 부르는 것 같았다. 가끔 '하느님이 불쌍히 여겨 자신을 산으로 인도하는 것은 아닐까?' 하는 생각도 들었다고 한다.

"예전에 산이나 숲과 관련해서 기분 좋았던 기억 중에 떠오르는 장면이 있습니까?"

도리질을 치며 모르겠다고 말하던 그녀가 잠시 후 뭔가 생각이 난 모양이다.

"아! 초등학교 때 아버지와 단둘이 산을 올랐던 기억이 나네요. 봄이었던 것으로 기억합니다. 찬 기운이 가시지 않아서 날씨가 약간 추웠던 것 같아요. 제가 어깨를 움츠렸던 모습이 생각나네요. 그랬더니 아버지가 입고 있던 봄 잠바를 벗어서 내 어깨를 감싸 주고 온화한 미소를 지으시며 입혀 주었던 기억이 나네요."

"지금 그때를 생각하면 어떤 감정이 느껴지나요?"

"따뜻하고, 부드러운 감촉, 처음 챙겨진다는 느낌이 들었던 것 같네요."

"당신에게 산은 챙김을 선물해 준 아버지였네요."

자신도 소중하게 챙김받았던 적이 있었다는 것을 기억해 낸 그녀의 눈에서는 조금 전과는 다른 반가움의 눈물이 흘러내리고 있었다. 30년도 훨씬 더 된 그 순간의 따뜻함이 찾아온 듯했다.

평소에는 무기력감에 빠져 식구들을 힘들게 했던 아버지다. 그래서 원망스러웠고 생각조차 하기 싫은 사람이었다. 그런데 찬찬히 들여다보니 따뜻하고 다정다감했던 아버지의 모습이 여기저기 있었다.

누구에게든 슬프고 아픈 순간만 있는 과거는 없다. 힘과 기쁨이 넘치는 순간들 또한 분명히 존재한다. 바로 그 순간의 경험들이 자신의 문제를 잘 극복할 수 있게 해주는 긍정적 자원의 저장고이다.

따뜻하고 편했던 그 기억의 순간들을 종이에 적어 보라. 종이를 4등분 하여 귀중한 물건, 소중한 공간, 좋아하는 음식, 소중한 사람 등, 생각나는 대로 적어 보라. 많이 캐내면 캐낼수록 그만큼 긍정적 자원은 늘어난다. 힘들 때마다 하나씩 꺼내서 쓸 수 있는 '행복통장'이기도 하다.

해당되는 항목의 기분 좋은 경험들을 생각할 때엔 그때의 행복했던 감정과 느낌이 온몸에 퍼져 나가도록 두어라. 그리고 몸 세포 하나하나로 그 기쁨의 감정을 느껴 보도록 하라. 기분 좋았던 기억의 장면들(물건, 공간, 사람, 음식 등 어떤 것이든 가능하다)을 되도록 많이 캐내야 한다. 좋은 경험들은 상처 때문에 힘들어할 때 나를 잠재울 수 있는 비타

민이다.

어떤 여성은 이 세상에서 제일 맛있는 음식이 새콤달콤하게 무친 오이지라고 한다. 그 오이지에 담겨 있는 기분 좋았던 기억을 더듬어 보았더니 엄마의 따뜻한 격려가 있었다. 학교에서 친구들과 다툼이 있어 시무룩해 있는 딸에게 "얘야 기분이 안 좋아 보이는구나. 엄마가 오이지를 새콤달콤하게 맛있게 무쳤으니, 먹으면서 말해 보렴. 먹고 나면 기분이 조금 풀릴 거야"라는 어머니의 따뜻한 말 한마디가 담겨 있었다. 그래서 그 여성은 뭔가 일이 잘 안 풀리거나, 기분이 꿀꿀하면 새콤달콤한 오이지를 만들어 먹는다. 하물며 시어머니 생일잔치에도 빠트리지 않고 만들어 가는 음식일 정도다.

이처럼 여러분도 기분 좋은 작은 단서 하나를 찾아내면 뒤이어 많은 기억들이 되살아날 것이다. 그리고 여러분이 지니고 있는 좋은 세상의 이력서는 무궁무진할 것이다.

내 삶의
나이테

나이테는 나무의 성장과정이 기록된 자서전이다. 가물었을 때, 번개를 맞았을 때, 건강하게 성장했을 때, 병충해와 질병이 유행했을 때, 이 모든 것이 나무의 심층부에 박혀 있는 것을 보고 식물학자들은 나무의 성장과정을 파악한다.

나무의 나이테처럼 인간의 삶도 마찬가지이다. 우리 역시 크고 작은 많은 일들을 겪고 살면서 인생의 무게가 차곡차곡 안에 쌓이기 마련이다. 가면을 쓴 것처럼 잘 감추어진 우리의 내면에 인생의 나이테가 기록되어 있다.

거기에는 오래된 아픈 상처들도 있고, 또 한때는 찬란한 햇빛을 받았던 밝고 건강한 흔적들도 있다.

30대 중반으로 들어선 신영 씨는 목회활동을 하는 아내였다. 삶의 무게에 짓눌려 힘들어 죽겠는데 어떻게 해야 할지 모르겠다는 얼굴을 하고 있었다. 발걸음은 무겁고 미소는 우는 듯하다. 말의 구사력은 분명하나 울먹이는 목소리다. 그녀의 무거운 발걸음과 미소 속에 숨어 있는 울음이 내 마음에 걸렸다.

TV에서 어느 한의학 의사가 몸속의 독소를 배출하지 않으면 혈액순환도 되지 않을뿐더러 신체기관에 많은 영향들을 끼친다고 했던 말이 생각났다. 그녀를 압도한 독소가 무엇이길래 저렇게 힘들어할까? 그러나 나의 깊은 궁금증은 뒤로 미루기로 했다. 대신에 체기만 가시게 해주고 싶은 마음에 가벼운 격려로 시작했다.

우리가 먹은 것이 내려가지 않고 속이 거북할 때 누군가가 옆에서 손톱 조금 위 부분을 살짝 바늘로 찔러 검은 피를 나오게 하면 체기가 내려가면서 트림을 하고 속이 조금 편안해짐을 느끼는 것처럼 말이다.

그러나 내가 생각한 것보다 그녀의 마음이 너무 무거웠는지 그동안 마음속에 담아 두었던 심한 고통을 쏟아놓기 시작했다. 그녀는 결혼생활에서도 많은 문제가 있었고, 직장에서도 많은 긴장감을 가지고 있었다. 사람들과 잘 어울리지 못했기 때문에 직장도 여러 번 옮겨야만 했다. 그녀는 자신과 하느님의 관계에 있어서도 만족감을 누리지 못하고 하느님께서 자기를 기쁘게 받으신다는 확신이 서질 않는다고 했다. 그런데 그녀는 힘든 이유를 모르는 것이 더 답답해서 미치겠다고 말한다.

"어릴 때는 별 탈 없이 자랐고 아무 문제가 없었는데, 성인이 되고부터는 너무 힘든 생활이었어요. 도대체 그 이유를 모르겠습니다."

그녀는 시골에서 자랐고 평범하게 잘 지냈다고 했다. 그녀의 부모는 성실했고, 농터가 많아 비교적 안정된 생활을 했다. 부모는 자식들에게 헌신적인 생활태도 그리고 높은 도덕기준을 가지고 훈육을 했다. 그녀는 부모로부터 책임감 있고 성실한 생활태도를 배웠다고 했다.

그러나 나는 그녀와 함께 상담과정을 통해서 그녀의 부모가 최선을 다했지만 그 방법들이 잘못됐다는 사실을 차츰 발견했다. 그녀의 부모는 그녀를 다른 형제나 이웃집 아이와 비교하는 말을 자주했고 늘 조건부적인 칭찬이 따랐다는 것을 알게 되었다. 그래서 어릴 때 그녀가 힘들어했다는 것을 깨닫기 시작했다. 그녀의 마음속 깊은 곳에 숨어 있었던 말들이 풀어져 나왔다.

"신영아. 너는 아빠 말을 잘 들어 주니 참 예뻐."

"신영아. 엄마는 네가 옆집 영미처럼 그런 버릇없는 행동을 하지 않기를 바란다."

"잘했어. 그런데 이런 것은 좀 그렇네 …."

"네가 공부를 열심히 하고 착하니까 엄마(아빠)는 너를 사랑해."

아이가 꼼짝달싹할 수 없을 정도로 얼마나 많은 조건들이 붙어 있는가! 그러나 신영이는 부모의 말을 거스르지 않으려고 노력하고 애쓴 결과 겉으로 보기에는 성공한 삶을 살아왔다고 여겼다. 자신을 잃어버린 삶이었다는 것을 제외하고는.

아버지가 딸을 사랑한 것은 사실이나 인정받지 못하면 부모의 사랑을 받을 수 없다는 마음을 갖게 해주었다. 공부를 열심히 하지 않으면, 부모의 지시를 따르지 않으면 자기 자식이 될 수 없었다는 것이다.

게다가 아버지는 말끝마다 딸에게 하는 말이 있었다. "바람 든 무처럼 못난 사람이 되어선 안 된다. 그러니 넌 예쁘게 자라야 한다."

그녀의 아버지 생각에는 딸이 사랑스럽게 자라 주길 원하는 마음에 한 말이었을 것이다. 그러나 그녀의 마음은 숭숭 구멍 난 무처럼 못나고 쓸모없는 사람이 되어서는 안 된다는 강박관념에 전전긍긍했고, 자존감에 상처를 입었다. 그녀는 자기 자신이 땅 속에서 자라나는 숭숭 구멍이 생긴 맛없는 무와 같은 인간이 되지 않도록 안간힘을 쓰며 성장해 왔다.

병충해로 나무가 시들어 가는 것처럼 신영 씨 역시 세상 사람들이 자신을 맛없는 무로 여기지 않을까 불안하고 예민하게 반응했다. 그녀는 친구들이나 직장상사, 동료, 혹은 이웃집 사람들이 그녀에게 하는 말들을 곡해하고 잘못 받아들여 속이 상하는 경우가 많았다. 심지어 그녀가 사랑하는 남편까지 올바로 받아들이지 못하고 남편의 사랑도 의심할 수밖에 없었던 것이다.

그녀가 경험한 상처는 생각보다 매우 깊었다. 그녀는 다른 사람들이 자기에 대해서 말하는 것을 예민하게 받아들였고, 누가 조금만 비난을 해도 완전히 굳어 버리는 자신을 발견했다. 그녀는 자기 스스로 맛없는 무처럼 될까 두려워했다는 것을 알게 되었고 자신의 자화상을 재조정해 나갔다. 그리고 그녀는 자신을 가치 있는 소중한 사람으로 여기기 시작하면서 놀랍게도 발걸음도, 목소리도 또렷해져 갔다.

나는 내담자들에게 각자가 쓰고 있는 가면을 벗어 버리라고 한다. 잃어버린 진정한 자기를 찾기 위해 숨어 있었던 자신만의 내면세계에서 나와야 한다고 격려한다. 내면아이는 이해와 공감, 사랑을 필요로 한다. 내면아이와 접촉하기 위해서는 몇 가지 연습이 필요하다. 어쩌면 처음부터 내면의 아이가 많은 것을 말하지는 않을 것이다. 그러나 자주 자기 모습을 드러낼 수 있도록 참을성 있게 기다려 주고 아이의 울음소리를 들어주어야 한다.

어릴 때 사진 한 장을 꺼내서 앞에 놓고 자세히 살펴보면서 마음속에 어떤 감정이 느껴지는지도 당신의 인생을 알 수 있는 방법 중 하나다. 사진 속의 자신에게 아래와 같이 질문을 해 보라. 만약 사진 속의 장면들이 기억나지 않을 경우에는 그 사진을 보면서 느껴지는 현재의 감정과 생각들을 나누어 보아도 별 상관이 없을 것이다. 왜냐하면 당신의 무의식 속에 잠겨 있는 삶의 흔적들이 많은 영역에서 지금도 살아 숨 쉬고 있기 때문이다.

"사진 속의 나는 어떤 아이였나?"
"어떤 것이 마음을 억누르게 했나?"

"나를 힘들게 했던 것이 무엇인가?"

"그 시절 나에게 어머니(아버지)는 어떤 사람이었나?"

"무엇 때문에 기쁘고 즐거웠나?"

"그 당시 무엇이 꼭 필요했나?"

"내가 원했던 것은 무엇인가?"

chapter

3

상처는
삶의 선물

패배의 나락으로
떨어지고 싶지 않은
남자

택시는 헤드라이트 불빛으로 짙은 어둠이 깔린 아파트 1층 현관을 슬쩍 한 번 비추더니 돌아갔다. 택시에서 내려선 성규 씨는 아파트 주차장에 홀로 서서 얼마 전에 이사 와서 아내와 함께 사는 10층을 멍하니 올려다보았다. 성규 씨는 갑자기 다리에 힘이 풀려 바닥에 쪼그려 앉을 수밖에 없었다. 그는 자신의 영혼 속에 깊은 공포를 느꼈고 목구멍을 타고 기어오르는 구역질에 부르르 몸을 떨었다. 그는 이제 자신의 인생이 끝장났다는 것을 천천히 그러나 분명하게 깨닫고 있었다.

올해 쉰 살을 훌쩍 넘긴 지금 그는 직장도 돈도 삶의 방향도, 그 어떤 것도 가진 게 없는 초라한 나락으로 곤두박질친 느낌이다.

　술에 취해 짐승처럼 울부짖던 아버지의 목소리가 들리는
것 같았다. 지긋지긋하게 도망쳐 나오고 싶었던 어린 시절의
장면들이 물밀 듯이 떠올랐다.

　공장 옆에 달린 방 한 칸에 온 식구가 엉켜 살았던 구역질
나는 그 시절의 장면들이 그의 등을 천천히 기어올라 목덜미
를 감아 젖히는 뱀처럼 성규 씨의 전신을 옥죄어 왔다. 방
안은 공장에서 들려오는 기계의 날카로운 쇳소리로 가득했
다. 그 소리를 들을 때면 항상 온몸이 찌릿찌릿했다. 술에
취해서 고래고래 소리 지르고 엄마와 한바탕 전쟁을 치르고
나면 잠들어 버리는 아버지, 흩어진 살림살이를 치우며 울
고 있는 엄마. 방 안은 항상 퀴퀴한 냄새와 전흔으로 어수선
했다. 남동생과 누이는 항상 이 난장판에서 열외였다. 누이
는 이웃 친구집으로 피신했고, 남동생은 가출을 밥 먹듯 하
며 집에 없었다. 아버지는 세상을 떠날 때까지 술이라는 젖
줄을 뗄 줄 몰랐다. 그에게 아버지는 이 세상에 제일 못났
고, 삶을 실패한 남자, 아버지라고 부르고 싶지 않은 남자였
다. 그는 아버지처럼 살고 싶지 않았다. 가난과 아버지가 가
져다준 세상의 속박으로부터 단 하루라도 빨리 빠져 나올 수

있다면 ….

그에게는 사회적인 성공이 필요했다. 그러기 위해서 열심히 공부했고, 주어진 일에 최선을 다했다. 그 결과 자신이 원하는 대학에 들어갔고 남들이 부러워하는 대기업에도 입사하여 앞만 보고 달렸다. 단란한 가정도 꾸렸다. 자신이 대견스러울 정도로 승승장구했다. 그때부터 그에게 펼쳐진 세상은 달랐다. 열심히 산 덕에 부유한 생활을 누릴 수 있었고, 직장에서도 유능한 사람으로 인정받았다.

그랬던 그가 정년퇴임을 앞두고 위기감을 느끼고 잠자리가 불편하기 시작했다. 이유 모를 불안이 간헐적으로 찾아와 그를 괴롭히다 돌아갔다. 정년퇴임을 앞둔 남자들이 겪는 의례적 과정으로 대수롭지 않게 넘겼다. 가끔씩 친구들과 함께 맑은 공기 마시며 필드에 나가 골프를 치고, 아내와 함께 산책도 하며 마음을 달래 보았지만 소용이 없었다.

만약 그를 찾아온 불안감을 맞이하고 근원지가 어디에 있는지 알았다면 어땠을까? 아마 나를 찾아오는 일도 없었을 것이다.

우울감처럼 불안은 살아가면서 가끔 우리에게 찾아오는 불편한 손님이다. 손님은 내 집에서 떠나가기 마련인데, 무슨 큰일이 생길 것처럼 내쫓질 못해 안달한다. 집에 사람들이 들락거려야 활기가 차고 사람의 온기를 느낄 수 있는 것처럼 불안감 역시 우리의 삶을 성장시켜 나갈 수 있는 촉진제이다. 그러니 절대 불안을 겁내고 두려워하지 말라는 것이다. 그리고 불안의 근원은 분명 우리의 마음속에 있으며, 우리의 마음을 흔드는 주범이기도 하다. 무엇 때문에 마음이 불편하고 힘든지 알면 우리는 느긋하게 기다릴 수 있는 여유가 생긴다. 그것만으로도 불안은 줄어들 수 있다.

성규 씨 역시 나이가 들면 사회적 역할이 줄어들고 언저리에 있어야 하는 자신의 위치를 용납할 수가 없었다. 그것은 곧 일 없이 빈둥거리는 낙오자로 여겨졌기 때문이다. 그 낙오자는 술에 절어 있던 아버지의 모습이었다. 그가 마음속에 담고 있는 어린 시절은 초라하고 보잘것없다고 여겼다. 그래서 부정하고 끊어내고 싶고 생각조차 하기 싫은 과거사다. 창피하고 수치스러웠던 어릴 때의 기억들이 현재의 불안과 연결되어 있다는 사실을 그는 까맣게 몰랐던 것이다.

5번의 상담을 통해서 그는 현재의 불안이 과거의 경험들과 연결되어 있다는 것을 깨닫기 시작했다. 그런 후 그는 불안이 찾아오면 피하지 않고 맞이하며 격려했다. "지금은 어린 시절의 내가 아니야. 그런 일은 이제 일어나지 않아, 괜찮아"라며 스스로를 다독였다. 그러자 불안의 손님은 그의 마음속에 잠시 머물다가 떠나가곤 했다.

여러분도 역시 불안을 두려워해 내쫓으려고만 하지 말고 맞이하는 것, 그것이 불안을 다독이는 첫걸음이라는 것을 잊지 않길 바란다.

패배의 나락으로 떨어지고 싶지 않은 남자

성공에
집착한 남자

　퇴임 후 본사에서 퇴임한 임원들에게 배려차원으로 제공해 주는 계열사 대리점 지사장으로 1년간 근무하고 있었다. 1년이 거의 다 되어갈 무렵 심한 불안감이 그를 괴롭혔다. 그동안 열심히 재테크를 잘해서 수도권 지역에 아파트도 몇 채 가지고 있었고 현금도 두둑해서 앞으로 살아가는 데 재정적으로는 아무 문제가 없었다. 게다가 회사 다닐 때 이사급으로 승진하기 위해 석사학위까지 취득해 놓은 덕분에 지사장으로 일하면서 대학에서 겸임교수, 회사직원들 교육 강사로 일을 계속하고 있었다. 그런 터라 1년 임기가 끝이 나도 사회활동은 계속할 수 있는 처지다.

　그럼에도 사는 데 신이 나지 않고 볼품없는 삶의 나락으로 떨어질 것 같은 불안감이 엄습해 왔고, 어둠이 휘감듯, 가슴을 옥죄는 듯한 답답함이 그를 괴롭혔다.

성규 씨의 그런 마음을 알아채기라도 한 듯 잠깐 안면이 있었던 지인이 사업을 같이 하자는 제안에 그는 두 번 생각할 필요가 없었다. 회사 임원으로 재직할 때 조직을 운영하는 리더십을 인정받은 바 있었고, 무엇보다 회사 이익을 창출해 내기 위해 기획하고 제도를 개선해 나가는 능력은 그 누구보다 뛰어나다는 것을 자부하고 있었던 터다. 그런 내가 못할 게 뭐 있겠는가 싶었다. 그리고 어쩌면 이 길이 '내 생을 장식할 마지막 성공의 열쇠'일지도 모른다는 생각이 들었다. 게다가 아내까지 거들고 나섰다. 큰 새가 새장 안에 갇혀 있는 것 같으니 날개를 펴고 날아 봐라, 당신은 얼마든지 할 수 있고 할 자격이 있는 사람이라고….

옛날 어릴 때 엄마가 그에게 했던 말이다. 그러니 앞뒤 재볼 것도 없었다. 동업을 제안한 사람이 운영자금에서부터 모든 것을 도맡아 처리해 주겠다고 하니 자잘한 골칫거리는 생각하지 않아도 되었다. 자신의 잘난 점을 부각시킬 수 있는 절호의 기회가 주어진 셈이라 신이 났다. 잠시 동안이었지만 그를 괴롭혔던 불안감도 가시듯 힘이 솟았다.

창업자금이 어떻게 쓰이는지 묻지도 않았고 달라는 대로 다 내어주었다. 몸에 힘이 솟고 활기가 넘쳐나자 에라 되는 대로 쓰고 보자 싶었다. 집을 담보로 대출까지 냈다. 앞뒤 재보지도 않고 피 같은 돈을 써 재끼니 이건 미친 짓 아닌가 싶어 약간의 불안한 마음을 아내에게 내비치기도 했다. 아내는 옆에서 말리기는커녕 회장 부인이 다 된 것처럼 한 치의 의심도 없이 신바람 나게 돈을 건네주었다. 당신은 앞으로 사업을 어떻게 해 나갈 것인지 준비하고 큰 회사의 주인이 될 날만 기다리면 되니까 돈 걱정은 하지 말라고까지 했다. 평생을 월급쟁이로 모아둔 돈과 집을 담보로 은행에서 대출을 받아서까지 전 재산의 반 이상을 회사설립 자금에 다 쏟아 부었다. 그런데 동업자가 어느 날 갑자기 말도 없이 종적을 감췄다. 그에게 돌아온 것은 은행 빚과 깊은 패배감, 우울이었다.

패배의 나락으로 떨어지지 않으려고 정말 열심히 애써 왔는데, 사는 것이 다 허무하고 귀찮다는 마음뿐이었다. 주변 사람들의 발길도 뚝 끊기고 하루 종일 끊임없이 울려 대던 전화벨 소리마저도 울리지 않은 지 오래다. 사방이 적막강산이다. 용기를 내어 강의 자리라도 주선해 달라고 부탁했는데 연락이 없다.

이러다 앞으로 내가 어떻게 될까? 불안감에 휩싸이면, 짜증이 나고 답답하고 식욕도 떨어지고 밤에 잠들기도 힘들었다. 몸에 기운도 빠지고 어떨 때는 욱하는 성질이 올라오기도 했다. 예전과 달라져 가는 자신이 두렵고 무서웠다. 열심히 앞만 보고 달려 왔는데 나한테 무슨 일이 일어난 걸까? 원통하고 억울해서 살 수가 없었다.

분노를 어머니와 아내에게 터트리기 시작했다. 몸서리치게 싫어했던 아버지의 모습을 자신에게서 발견하고 소스라치게 놀랐고 자괴감이 밀려왔다. 끝을 보는 것 같은 불안감을 떨쳐 버리고 싶은 마음에 상담실 문을 두드렸다.

우울증을 일으키는 주요 촉발요인이 무엇이냐고 내가 묻자 그는 패배자의 실패감이라고 말했다. 당신이 말하는 패배자의 모습 속에 연상되어 떠오르는 사람이 있느냐고 물었더니 그의 아버지가 살아온 모습이라고 한다.

"아! 정말 지긋지긋하네요. 아버지 같지 않은 남자가 되기 위해 몸부림쳤던 거네요. 그래서 주변 사람들은 다 말렸는데 저는 볼 수가 없었네요."

"가난에 시달린 아버지는 늘 화가 나 있었고 폭발하기 일

보직전이었죠. 아버지는 화가 났어도 어떤 일로 화가 났는지 며칠 동안 말하지 않고 있다가 술만 들어가면 갑자기 온 집 안을 확 뒤집어 놓았습니다. 어머니와 자식들을 닥치는 대로 때렸습니다. 술만 마시면 트집을 잡고 노발대발하면서 고함을 지르고 어머니를 심하게 때렸습니다. 누이와 남동생은 정말 심하게 맞았습니다. 그러다 동생들은 아버지를 피해서 누이는 친구 집으로 피신을 갔고, 남동생은 아예 집으로 들어오지 않고 오랫동안 가출을 했습니다. 저 역시 어머니를 말리다가 몇 번 맞은 적은 있지만, 아버지가 제게는 별 관심을 두지 않았어요. 정말이지 아버지가 집에 안 계실 때가 훨씬 편했습니다. 아버지가 집에 계실 때는 가족들 모두 숨 한 번 크게 쉬지 못했습니다. 언제 아버지 성미를 건드릴지 모르니까요. 저는 아버지에게 바른 말을 해본 적이 한 번도 없어요. 아버지는 극도로 비판적이고 매우 지배적이었습니다. 저는 항상 아버지에게 화가 나 있었습니다. 저 사람은 우리 집에서 빈둥거리면서 무얼 하는 사람이지? 차라리 죽고 없어졌으면 좋겠다고 생각할 정도로 몸서리치게 싫어했습니다.”

그는 마치 아버지가 앞에 앉아 있는 듯 숨을 몰아쉬며 얼굴이 상기되어 옛날의 기억들을 생생하게 얘기했다.

그의 이야기 속에 묻어 있는 몸서리치는 분노가 나에게 전해져 왔다. 과연 나라면 그런 아버지 밑에서 견디어 낼 수 있었을까? 하는 생각에 도리질을 치며 순간 한기를 느꼈다.

상담가들은 드라마나 영화에서나 보는 가정폭력이 난무한 사례를 많이 접한다. 딸을 성폭행하는 아버지, 자식을 버리고 홀연히 떠나 버리는 엄마, 하루가 멀다 하고 집안을 난장판을 만들고 부인과 자식들을 닥치는 대로 때리는 아버지, 그러면서 자식들의 문제행동을 탓하고 공부 잘하고 잘 커 주길 바란다는 부모들의 얘기를 듣고 있노라면 할 말을 잃고 가슴이 먹먹해져 올 때가 많다.

성규 씨 역시 아버지에 대한 적개심과 원망, 미움, 죄책감 등의 복잡한 감정들을 겪어내느라 얼마나 힘들었을까? 하는 마음에 나는 이런 말로 그의 심정을 공감해 주었다.

"그런 사람이 내 아버지라고 생각하니 화도 나고 원망스럽고, 죄책감도 들고, 그렇다고 아버지를 어떻게 할 수 없는 무기력감을 감내하느라 참 많이 힘들었겠네요."

그러자 덩치 큰 남자의 눈에서 눈물이 흘러나왔다. 휴지로 눈물을 닦으며 어린 시절의 그는 자기가 얼마나 속상하고 화가 났는지, 학교에서 집으로 돌아오는 길에 술 취한 아버지를 보면 친구들에게 들킬까 모른 척하고 도망갔던 장면들을 떠올리며 창피하고 수치스러웠다고 말했다.

"아버지의 그런 모습을 보면서 어떻게 견디셨습니까?"

"저는 아버지와 되도록 마주치지 않으려고 애를 썼던 것 같아요. 그리고 제가 해야 할 일이나 공부에만 집중하고 집안은 나와 상관없는 것으로 취급했던 것 같아요. 나중에는 열심히 공부해서 서울로 올라갈 궁리만 하느라 아버지에게 신경 쓸 겨를이 없었죠. 성적도 우수해서 학교생활이 나에게 유일한 낙이고 살아가는 힘이었죠."

"학교생활 열심히 하고 공부 잘하는 학생으로 인정받는 게 버틸 수 있는 힘이었군요. 그래서 자신에게 어두운 그림자인 아버지와의 관계는 외면하고 회피하는 것으로 자신을 보호하고 버티어 오셨네요."

"……."

"그런데 지금 당신은 사회활동이 적어지고 사회적인 힘을 행사할 수 있는 기회가 적어지니까 필요 없고 작은 남자라는 소리를 듣게 될까 두려워하고 있군요."

"네. 이대로 가다가는 집에서 빈둥거리는 볼품없는 남자로 떨어지지 않을까 하는 생각에 괴롭고 불안했습니다. 아! 그러고 보니 제가 왕성하게 일하면서 느꼈던 성공을 다시 얻기 위해 물불 가리지 않고 사업에 뛰어들었군요. 정말 어리석고 미친 짓이었네요."

"과거 아버지와 함께했던 생활로 돌아가고 싶지 않았던 거죠. 사회적인 성공이 당신의 아버지와는 다른 삶을 살 수 있을 것이라는 신념이 당신의 인생각본에 각인됐을 겁니다."

"또 아버지였습니까?… 네…. 그러네요. 죽어도 그 시절로 되돌아가고 싶지 않았습니다. 정말 무섭고 끔찍했습니다. 저는 아버지 같은 남자가 되지 않으려고 무진장 애를 쓰고 살아왔는데, 공든 탑이 무너져 내리는 느낌입니다."

그는 불안감에 몸서리치는 무기력한 자신을 보는 것이 힘들었지만 삶의 중요한 대목마다 숨어 있는 분노는 보지 않으려고 했다.

자기 인생을 참혹하게 만든 아버지에 대한 분노. 그렇다. 분노가 자신을 향할 때 무기력감이 찾아들고 사람은 우울로부터 자신을 보호한다. 왜, 누구에게 분노하는지 분명하게 납득하지 못한다면 자신을 무기력하게 만드는 우울은 해결되지 않는다. 어린 시절 해결하지 못한 분노는 현재 관계에서, 일에서, 사회생활에서, 일상에서 여러 모습으로 투영되어 나타난다. 그래서 분노가 어떻게 발생했는지, 사실은 누구에게 표현되어야 하는지 깨달아야 한다. 그리고 무엇보다 그렇게 평생을 따라다녔던 분노를 삶 속에서 어떻게 풀어 왔는지 깨닫고 그것을 멈추겠다는 결심을 해야 한다는 것이다.

성공에 집착한 남자

성공의 훈장을
달아 준 엄마

막일을 하던 아버지는 늘 술에 절어 있었고 많이 마시는 날에는 자식들과 아내에게 행패를 부렸다. 술 냄새가 뒤섞인 퀴퀴한 냄새가 나는 방 한 칸에 누이, 남동생을 포함한 다섯 식구가 뒤엉켜 살았다. 항상 술에 절어 있던 아버지는 그가 대학 입학을 앞두고 간경화로 돌아가셨다. 생활력이 강한 엄마 덕분에 간신히 먹고살 수는 있었다. 어머니는 길거리에서 경찰들의 눈을 피해 장소를 옮겨 다니면서 이것저것 닥치는 대로 장사를 했다. 경찰이 덮칠 때는 오히려 "자식들 먹여 살리려고 하는데 너는 어미도 없냐"며 더 당당하게 큰소리쳤다. 적극적이고 당찬 성격 덕분에 날이 갈수록 장사가 잘됐다. 나중에는 가게를 차릴 만큼 집안형편이 나아졌으나 여전히 엄마의 돈주머니는 좀처럼 열리지 않았다.

어머니의 지원은 학교 성적에 따라 순위가 매겨졌다. 안될 놈을 붙잡고 진을 뺄 필요가 없다는 거였다. 그래서 딸에게는 "너는 집안 살림이나 배워서 빨리 시집이나 가라" 했고, 막내아들에게는 "너는 일찌감치 엄마 따라다니면서 장사하는 것이나 배워라" 했다. 그런 어머니가 성규 씨에게는 예외였다. 똑똑하고 공부 잘하는 장남에게는 온 정성과 지원을 아끼지 않았다. 엄마의 미래는 그저 장남인 성규 씨만 믿는다고 했다. 그 누구에게도 닫혀 있던 어머니의 돈주머니는 장남에게는 항상 열려 있었다.

어머니는 몸이 부서지는 한이 있어도 열심히 뒷바라지해서 좋은 대학 나와서 번듯한 직장에 다니는 성공한 남자의 훈장을 달아 주고 싶은 마음이 간절했다. 장남이 요구하는 것은 두말없이 들어주면서 꼭 하는 말이 있었다. "네 애비처럼 살지 않으려면 공부 열심히 해서 보란 듯이 살아야 해. 엄마는 너만 믿고 살어. 너 아니었으면 벌써 도망갔지, 저 술주정뱅이하고 같이 살았겠냐. 내 힘닿는 데까지 무엇이든지 밀어줄 테니 너만큼은 좋은 대학 나와서 앞으로 쭉쭉 뻗어나갈 한길만 생각하라"고 했다. 어머니는 아들의 대학 진학을 위해 자신이 할 일은 열심히 일해서 돈을 벌어오는 것이라고 생각했다. 어머니 자신은 물론 집안 살림에나 다른 식구들을 위해서는 한 푼도 허투루 쓰지 않았다. 그럴 때는 희생하는 어머니가 고맙고 불쌍했다.

무지하고 가난한 부모, 고등학교 진학은 감히 꿈도 꾸지 못하고 어머니 대신 집안일을 맡아서 하는 누이, 제 할 일은 제대로 하지 않고 매일 빈둥거리고 놀기만 하는 남동생, 그는 냄새나고 자기 공간이 없는 그곳에서 하루 속히 벗어나고 싶었다. 아낌없는 지원을 주는 엄마였지만 행상하는 모습을 보면 창피했다. 술 마시고 행패 부리는 아버지가 천하고 못난 남자로 여겨졌다. 식구들을 제대로 건사하지도 못하면서 힘든 엄마를 때리는 아버지가 미워 대들다가 죽도록 맞은 적도 있었다. 고등학교에 진학하면서 서울로 올라와 자취하면서 처음으로 혼자만의 공간을 가졌다. 넉넉한 지원금은 아니었지만 궁색하지 않게 깔끔 떨며 생활할 수 있었다. 숨통이 트이는 것 같았다. 무지하고 천박한 내 부모처럼 살지 않겠다는 결심의 끈을 놓지 않고 악착같이 공부했다.

무난하게 명문대학에 들어간 성규 씨는 엄마의 자랑거리였고 살아가는 이유였다. 대학 졸업 후에 대기업에 입사한 아들을 두고 '개천에서 용 났다'고 말하는 이웃사람의 질투 어린 말도 싫지가 않았다. 아들이 명문대학에 들어갔다는 소식을 들은 후 얼마 안 있어 술병을 앓고 있던 아버지가 돌아가셨다.

대학을 졸업하고 주변 사람들의 부러운 시선을 받으며 대기업에 취직했을 때만 해도 앞으로 자신의 인생에는 성공 가도만 펼쳐져 있을 것이라 믿어 의심치 않았다. 진급을 하기 위해서 미친 듯이 일에 매달렸다. 일이 많을 때는 주말도 마다하지 않고 자진해서 반납했다. 위 간부들이 요구하기 전에 미리 기획서를 제출했고 입사 동기들보다 항상 앞서 나갔다. 외국 바이어가 오면 통역을 도맡아 할 만큼 영어에 능통했고, 그 바쁜 와중에 석사 학위도 취득하여 진급에 걸림돌이 될 수 있을 법한 것은 미리 다 치워 차질이 생기지 않게 하였다. 간부들의 인정을 받아 승승장구의 가도를 달렸다. 그러면서도 품위 있는 남자가 되기 위해 소설, 시, 철학 책을 닥치는 대로 읽었고, 클래식 음악을 감상하고 즐기기 위해 혼자 콘서트에 다니면서 품격 높은 자신을 만드는 데 노력하였다. 콘서트장에서 잠깐의 휴식시간에 라운지에서 아는 사람을 만나 자신을 봐 주기를 바랐다. 박학다식한 데다 클래식 음악을 즐기기까지 하는 품위 있는 성공한 남자라는 것을 주변 사람들이 알아주었으면 싶었다.

직장에 들어가서 얼마 후에 당차고 강한 어머니와는 달리 따뜻하고 다소곳하게 다가왔던 지금의 부인을 만나 결혼을 했다. 신혼여행지에서 성규 씨는 아내에게 맹세하듯 말했다. 내가 열심히 일해서 당신과 자식들은 고생시키지 않을 테니 당신은 집안 살림하면서 자식들 뒷바라지만 잘해 주면 더 바랄 것이 없다고 했다. 부인과 자식들에게 온갖 욕설을 퍼부으며 폭력을 휘둘렀던 천박하고 무지한 아버지 같은 남자는 절대 되지 않을 것이라고 결심한 그는 언제나 아내에게 깍듯했다. 다툴 일이 생기면 피해 버렸고 그럴수록 존댓말을 썼다. 과음하거나 흐트러진 모습을 보인 적도 없다.

일하랴 공부하랴 힘이 들고 지치기도 하련만 피곤한 기색을 보이지 않았다. 이른 새벽에 일어나 언제나 산책을 하고 틈틈이 운동으로 건강한 몸을 유지하는 것을 게을리하지 않았다. 일과 사회적인 성공을 얻기 위해서 그는 건강, 지식, 학력, 교양 등을 쌓는 데 혼신의 노력을 아끼지 않았다. 직장에서 돌아오면 서재에서 늘 책을 읽고 클래식 음악 감상에

성공의 훈장을 달아 준 엄마

심취하고, 품위 지키며 열심히 살아가는 자신의 모습에 만족했다. 아내 역시 그런 남편을 자랑스럽게 생각하는 눈치였다.

과장이 되면서 수도권에 60평짜리 아파트도 마련했다. 태어나서 처음 가져 본 넓은 공간이었다. 그때의 설렘과 행복은 이루 말할 수가 없었다. 비참하고 가난했던 과거는 이제 그에게 없었다. 제일 먼저 어머니의 방을 만들어 놓고 모셨다. 우리도 이렇게 사람답게 살 수 있게 되었다고….

그는 자신의 과거를 부정하며 지우고 살아왔다. 두렵고 볼품없이 웅크리고 있었던 자기 모습을 떠올리고 싶지 않았다. 과거는 현재의 삶에 도움이 되지 않는다고 생각했다. 현재 내가 잘해 나감으로써 과거를 삭제할 수 있다고 생각하는 그런 잘못된 믿음 속에 있었다. "과거 따윈 필요 없어 나에게 현재만 있을 뿐이다."

그러나 그가 왜 강박적으로 성공에 집착하고 있는지를 알아챘다면 어땠을까? 아마 그 집착이 과거의 삶과 연결되어 있었다는 것을 인식했더라면 그렇게 무모하게 사업을 벌이지도 않았을 것이고, 사기꾼의 농락에 빠지지 않았을지도 모른다.

지금 그에게 필요한 것은 그가 느꼈던 무서움을 표현하고 슬픔과 분노를 쏟아 내는 것이었다. 그러면서 스스로 현재의 불안이 과거와 연결되어 있음을 깨닫고 인식하는 것이다. 여태껏 그의 주변에는 이야기를 들어줄 수 있는 사람도, 억눌러진 슬픔과 두려움을 해결할 수 있도록 필요한 조언을 해줄 만한 사람도 없었다.

성공의 훈장을 달아 준 엄마

관계 맺기를
거부하는 남자

　그는 퇴근해서 바로 서재로 직행한다. 악마에게 혼을 팔아 그 뛰어난 연주기술을 터득했다는 파가니니의 〈바이올린 협주곡 1번〉을 틀어 놓고 그 서정적인 달콤함에 빠져 책을 읽는 것이 그 어떤 것보다 즐겁고 편안했다. 슈베르트의 〈겨울 나그네〉, 피아노 5중주곡 〈송어〉는 그가 즐겨 듣는 곡이다. 그 공간은 자기만의 세상이다. 부인과 자식들은 없다. 오직 품격 높은 성공한 남자, 그만 존재했다.

　그는 가족들과 한 공간에 옹기종기 모여 이야기 나누며 먹고 노는 것을 싫어했다. 서로 발이 닿고 살갗이 부딪치면 복잡하고 뒤엉켜 있다는 느낌이 들어 어쩌다 가족들과 TV를 볼 때도 멀찌감치 혼자 뚝 떨어져 앉았다. 밥 먹을 때도 마찬가지다. 온 식구의 숟가락이 탕과 찌개그릇으로 들락거리는 것이 더럽고 지저분하다고 여겨 반찬을 혼자 따로 차려 달라고 하여 먹는다.

그의 그런 행동이 어릴 때 온 식구가 한방에서 뒤엉켜 살면서 싫었던 아버지의 술 냄새, 항상 어수선하고 정리가 안 된 방 안, 편안하고 안정적인 혼자만의 공간이 허락되지 않았던 어린 시절의 결핍된 경험과 연결되어 있다는 것을 그는 물론 부인도 몰랐다. 그 누구도 남편의 그런 행동에 불평하는 사람이 없었다. 좀 까탈스럽기는 하여도 매사에 흠잡을 데 없을 만큼 완벽한 남편이고, 아버지이고, 아들이라 여기고 떠받들고 살았다. 일 잘하고, 넉넉한 살림에, 한눈팔지 않고, 술, 담배 하지 않고, 건강하고, 거기다 매너까지 있다.

그럼에도 그런 남편에게 아내는 가슴속으로 파고들어 오는 쓸쓸함과 외로움을 불평할 수가 없었다. 남편은 먼저 다가오는 법이 없다. 오랜만에 둘이서 오붓한 시간을 가져볼 양으로 차를 타서 서재에 들어가면 남편은 차를 두고 나가라는 눈치를 보였다. "당신 이런 음악 싫어하잖아. 나 신경 쓰지 말고 가서 편하게 어머니와 당신 좋아하는 드라마나 봐" 한다.

남편의 세상에서 내쫓긴 기분이다. 가슴속으로 쏴 하고 냉기가 들어온다. 어릴 때 느꼈던 고립감이 찾아들어 눈가에 눈물이 핑 돈다.

남편의 일부분은 그녀에게서 멀리 있는 것 같았다. 남편이 자기만의 울타리 속에 머물러 있다는 느낌을 떨쳐 버릴 수가 없었다. 그러나 그 울타리는 존중해 주겠다고 생각하며 살아왔다. 그런데 오늘은 존중해 주고 싶은 마음을 내팽개치고 싶다. 문고리를 세게 잡아당기면서 혼자 중얼거렸다.

"개~뿔 그래 너 잘났다. 그런데 너한테는 훈훈한 사람 냄새가 안 나. 넌 그것도 모를 거다."

아내는 남편에게 정서적인 거리감을 느꼈다. 그에게 가까이 가지 못하도록 금지됐다고 느꼈다. 남들은 복에 겨워 무슨 소리 하느냐고 할지도 모른다.

누가 보아도 남편은 매사에 완벽하리만치 잘난 남자이지만 그녀 손끝에 닿지 않는 멀리 떨어져 있는 남의 남자 같다는 생각이 가끔 들었다. 언제나 깍듯하고 매너 좋고 화도 내지 않는 성격까지 좋은 사람으로 인정받는 남편을 보면서 아내는 빛 좋은 개살구라 여겼다.

남편은 집안일에 전혀 신경 쓰지 않았다. 이를 테면 쓰레기 분리수거라든지 자질구레한 집안일에 손가락 하나 까딱하지 않았다. 아이를 키우는 일에도 전혀 관심이 없었다. 아이에게 아빠의 돌봄이 필요하다는 사실조차 인식하지 못하는 것 같았다.

그는 집안일과 아이 키우는 일은 어머니와 아내의 몫이라 여겼다.

남편은 가족보다 일을 더 좋아하고 자기 취미생활에 빠져 자기만의 파라다이스 섬에 홀로 살아가는 사람 같았다. 그 섬에는 그 누구도 들어오지 못하게 했다.

남편에게 거절당하고 거부당한다는 느낌을 떨쳐버릴 수가 없었다. 책임감 때문에 자신이 맡은 역할은 완벽하게 잘 해내는 남편이지만, 그동안 살면서 살갑게 다정하게 대한 적이 별로 없는 것 같았다. 부부의 성생활에서도 굉장히 수동적이고 자기 볼일만 끝내고 딱 돌아서는 남자다.

그녀 역시 성장과정 중에 부모로부터 관심과 사랑을 거절당해 애정결핍을 가지고 있었다. 지배적이고 소리를 지르는 아버지와는 다른 절제된 남자를 신랑감으로 선택했는데, 남편 역시 그녀와 정서적 접촉을 하지 않았다. 경제적으로는 넉넉함을 가져다주고 책임감이 넘치는 남편이지만 아내는 외롭고 쓸쓸했다. 자기밖에 모르는 차가운 남자라고 불만을 늘어놓기 시작했다. 30년 넘도록 애 낳고 키우고, 시어머니 잘 모시고 남편 내조 잘 하면서 조용히 지냈던 아내가 입을 열었다. 간혹 자식들 앞에서 남편의 흉을 보고 싶어하는 감정을 내보이기도 했다. 안락하고 편안한 가정을 만들어 주기 위해서 이처럼 애쓰고 있는 그에게 불평하는 아내의 태도를 이해할 수가 없었다.

어릴 때 아이들은 그가 집에 들어오면 인사만 꾸벅하고 각자 방으로 들어가 버리기가 일쑤였다. 자식들과도, 부인과도, 다른 사람들과 정서적으로 깊숙하게 관계 맺는 것이 어쩐지 불편했다. 무덤덤하게 지내는 편이 그에게는 속 편했다.

사실은 그의 아버지처럼 난폭한 남자가 될까 두려운 나머지 다른 사람과의 관계 맺기를 거부하고 멀리하고 있었다. 그러면서도 아내와 자식들을 보면 가까이 다가가고 싶은데 적절한 그 방법을 몰랐던 것이다.

그는 부모와의 관계를 통해서 친밀한 정서적 관계 맺기를 해본 경험이 별로 없다.

아버지는 술에 절어 있는 날이 많았고, 자신의 삶을 부정하고 남 탓을 하며 비난과 폭력을 일삼았다. 그가 어릴 때 경험했던 아버지와의 관계는 비난이고 폭력이었다. 어머니 또한 강한 성격에 돈 벌고 집안 살림 꾸려 나가는 데 더 바쁜 사람이었다. 폭력적이고 강하고 거친 관계는 맺고 싶지 않은데 그의 마음속에는 친밀하고 따뜻한 관계를 어떻게 해야 하는지에 대한 그림이 없다.

음식도 먹어 본 사람이 그 맛의 진가를 알듯이, 사람들과 친밀하고 따뜻한 관계를 맺어 나가는 것 또한 자신이 보고 배우지 못하면 알 수가 없는 것이다.

상담 중에 그는 칙칙하고 어두운 과거사와 연결되어 있는 자신의 마음을 다스려서 마음을 비운 채 살고 싶다고 했다. 지금 가지고 있는 것으로 만족하며 부인과의 관계를 회복하는 것이 중요한 과제인 것 같다고 했다. 자신도 모르게 과거의 삶을 인정하지 못한 채, 성공의 고삐만 한껏 잡아당겼던 것은 무지하고 천박한 아버지의 삶처럼 살고 싶지 않은 마음에서 시작된 것 같다고 말했다. 정작에 알았더라면 그렇게 어리석은 짓도 하지 않았을 것이라고 한다.

그는 적어도 부모가 살아온 길은 다시 걷고 싶지 않았다. 그러다 보니 사회적으로 성공하고 품위를 지키며 품격 높은 생활을 하는 남자가 되고 싶었다.

그런데 일에만 매달리고 자신만의 취미생활에 빠져 식구들과 정서적 교감은 멀리하고 사회적 성공만을 쫓느라 진짜 중요한 것을 놓치고 있었다. 성공적인 사회적 역할에서 요구하는 행동에 부합되는 언행에 맞추어 사느라 참된 자기를 잃어버리고 마음이 고되고 고생하는 것도 몰랐다. 그는 '사회적으로 성공한 남자'의 역할에 맞는 모습으로 자신을 맞춰 가다 보니 어느 것이 진짜 내 모습이고 어느 것이 상황에 맞춰 놓은 모습인지 전혀 가늠하지 못했다.

'나다움'은 없이 '역할 속의 나'에만 충실할 때 과연 다른 사람과의 진정한 관계가 이루어질 수 있을까? 자신이 만들어 놓은 기준에 부응하면서 의무감을 갖고 행동하는 것은 자신이 정해 놓은 기준대로 따라가면 되는 간단한 일일 테지만, 자기 성찰 없이 자기를 잃어버리고 살아가는 것은 '참된 나'를 잃고 구부러진 마음으로 살도록 종용받는 삶이 아닐까 싶다.

그는 자신의 부모관계 내력에 관해 이야기를 나누었고, 그것이 자신의 일에서, 결혼관계에서, 내적인 감정관계에서 재연되고 있음을 인식하였다. 아들의 성공을 통해서 대리 만족하려는 어머니의 특성 때문에 원치 않으면서도 어머니의 지시대로 따랐고, 자신의 내적인 힘을 지탱하지 못했다. 아버지의 만행으로 진저리를 친 그는 반대로 소리를 억제하고 매너 있고 품위 있는 남자로 자신을 키워 갔다. 역동적인 관점에서 설명해 본다면 그는 부모와의 이런 문제들로 인해 자식들과의 관계에서, 부부관계에서, 직장동료들과의 관계에서 자신의 생각과 감정을 억압하였고 상대방의 마음을 읽어 주고 공감해 주는 능력이 결여되어 있었다. 그는 자신의 문제가 부인이나 자식들에게 미친 영향을 인식하였고, 이것을 자신의 어릴 때 부모와의 관계에서 결핍된 것과 연결시켰다.

우리는 정작 자신의 행복이 무엇인지 생각해 본 적도 없고 알려고도 하지 않는다.

사람들은 행복이 깨진 것을 남 탓으로 돌리며 문제의 초점을 다른 사람에게 돌린다. 편안하고 만족할 수 있는 삶을 살기 위해서는 자신의 내적인 힘을 못 쓰게 하는 결핍이 무엇인지 알아채고 지금 마음속에 무슨 일이 일어나는지 살펴보아야 할 것이다.

chapter

4

진정한 나를
찾는 길

첫 만남의
노트

　김분례 씨, 그녀를 만난 것은 3년 전, 붉게 물든 낙엽이 흐드러지게 떨어지는 쓸쓸한 가을이었다. 아직 여름 기운이 가시지 않았는지 아침 햇살은 따뜻했다. 구수한 커피 한잔을 마시면서 출근길에 잠시 찾아온 쓸쓸한 내 마음을 내려놓고 그녀를 기다리고 있었다.

　일주일 전에 지인의 소개로 상담을 의뢰한 그녀는 10분이 지난 시간인데도 아무 전갈이 없다. 초기 면접자인 선생님이 "전화를 넣어 볼까요?" 했지만 하지 말라고 일렀다. 그녀의 선택을 존중하고 기다리기로 했다. 초행길이라 위치를 잘못 찾아 늦게 도착할 수도 있을 것이고, 아니면 다급한 마음에 약속은 했지만 처음 만나는 사람에게 자신의 속내를 드러낸다는 것은 힘든 일일 수도 있다.

내담자에게 첫 상담시간은 가장 불안하고 부담스러운 시간이기 쉽다. 심리상담에 대한 인식과 활용이 아직 보편화되지 않은 한국의 현실에서 상담을 받으러 온다는 것 자체를 창피하게 여기는 사람이 많다. 심리상담을 받는다는 것은 자신에게 문제가 있어서 다른 이들이 비정상적으로 여기지 않을까 생각하는 경향이 많다. 그래서 자기가 상담의 도움을 받고 있다는 사실을 누군가 알게 되면 어떻게 하나 몹시 조바심을 내는 이도 더러 있다.

"어쨌든 심리치료를 받는다는 것은 다들 무언가 문제가 있는 거라고 생각하잖아요. 그래서 나를 이상하게 여기면 어떻게 하나 걱정이 되어 누가 나를 보지 않을까 두리번거리다가 잽싸게 들어왔어요"라고 말하는 것을 보면.

이런 저런 이유들 때문에 첫 상담을 약속한 후 몇 번의 재예약을 반복하다가 오는 경우가 허다하다.

자신의 몸과 마음을 지치게 하는 문제들이 배우자, 자식, 직장동료 및 상사들만 달라지면 아무 문제가 없을 것으로 여겨 '왜 나 혼자 상담을 받아야 하나?', '저들도 함께 상담받아야지, 왜 나만 책임져야 하지?' 하는 억울한 마음이 차지하고 있다 보니 정작 자신이 책임져야 할 부분까지도 부정하며 상담을 지연시키기도 한다. 또 상담실에 들락거리면 사람들에게 정신병 환자로 낙인찍힐까 봐 두렵고 겁이 나서 결단내리기가 힘들었다는 사람도 있다. "그런데 여기는 우리 동네와 완전히 떨어져 있고, 또 한적하고 밖에 간판이 없어서 좋네요"라고 말하며 안심하는 눈치를 보이기도 한다.

그래서 상담가는 망설인 끝에 오게 된 이유를 묻는다. 그러나 결국 이 문을 들어선 사람은 당신이고, 해결하고 싶은 의지를 나타내 준 것에 감사함과 함께 가벼운 격려로 내담자의 선택을 지지해 준다.

상담이란 정신병적인 문제로만 도움을 받으러 오는 것이라는 선입견을 고쳐 주는 것이 필요하다.

내가 대학에 몸담고 있을 때 일이다. 어느 날 한 여학생이 내 연구실로 들어와서 상담받고 싶다는 말을 조심스럽게 꺼냈다. "교수님 저는 대학에 들어와서 1년 내내 고민했습니다. 학과친구들은 자기네들끼리 어울려 다니며 같이 놀곤 하는데, 저만 혼자 외톨이고 친구가 없습니다. 수업시간에도 누가 쳐다보면 얼굴이 발갛게 달아오르고 여러 사람들 속에 이방인처럼 혼자 다녀요. 그래서 강의시간이 시작된 지 2~3

분 후에 뒷좌석에 가서 앉아 있다가 수업이 끝나기가 무섭게 나와 버립니다. 하여튼 이 문제를 고쳐야겠는데, 친구들이 상담받는 것을 알면 손가락질을 할까 봐 겁이 났어요. 그래서 여기 올 때 누가 나를 보지 않을까 두리번거리고 몇 번의 망설임 끝에 들어왔어요"라고 말하는 그 학생에게 나는 이렇게 말했다.

"우리는 크고 작건 간에 모두가 심리적, 적응적인 문제가 있기 마련이지. 그런데 심리학적 지식에 기반을 둔 상담을 받게 되면 자기 혼자서 고민하는 사람보다 훨씬 양질의 대인 관계 기술과 성숙한 인생관을 가질 수 있게 된단다. 네가 그런 좋은 기회를 갖기 위해서 나를 찾아왔으니 용기 있는 사람이라고 생각해. 나는 그러한 자네의 태도를 진심으로 감사하고 높이 사고 싶네" 하는 말로 학생의 망설이고 싶은 마음을 풀어 주었다.

여러분은 이 말을 들은 그 학생의 기분은 어떻게 변화할지 짐작하고도 남을 것이다.

이처럼 상담을 주저하는 내담자의 자존심을 어떻게 북돋아 줄 수 있는지가 중요하다. 우선 내담자가 상담실을 찾아오게 된 점을 상담자는 진심으로 높이 평가한다는 것을 표명해 주어야 하고, 또 무엇보다 상담자는 비판적이고 대하기 어려운 사람이기보다는 유익을 끼쳐 줄 수 있는 전문적 지식을 바탕으로 한 수용적인 사람이라는 인식을 심어 주는 것이 중요하다. 상담가의 이런 첫 작업은 성장의 변화와 도약을 위해 노력하고자 하는 의지를 갖고 있다는 것에 초점을 두어 내담자의 위축되고 주저함에 용기를 불어넣어 주게 되는 것이다.

분례 씨 역시 아직 마음의 결심이 서지 않은 걸까? 하는 생각에 다음의 예약 내담자를 위해 준비하고 있는데, 약속한 시간의 20분이 지난 후에야 그녀가 들어왔다. 헐레벌떡 가쁜 숨을 몰아쉬며 내려야 할 역을 한참을 지나쳐서 돌아오느라 늦었다는 말을 하며 시선은 창밖으로 향해 있었다. "여기 오는 길이 고궁이 많고 한적해서 참 좋네요. 집을 나설 때는 망설였는데…. 잘 왔다는 생각은 드네요."

내려야 할 역을 지나쳤다는 것은 자신도 모르게 무의식적으로 집을 나설 때부터 상담을 받을 것인가 말 것인가를 오는 내내 결정을 내리지 못하고 망설임에 빠져 있었다는 것이다. 그러나 거부하고 싶은 마음을 물리치고 끝내 마음을 다

잡은 것은 그녀다.

　나와 시선을 마주하지 않고 얼핏얼핏 창밖으로 시선을 보내는 그녀에게 '망설임'에 대한 이유를 묻는 것은 뒤로 미루기로 했다. 대신 "역을 지나쳤으면 포기하고 돌아설 수도 있었을 텐데, 상담받는 쪽을 선택하셨네요. 늦게나마 오셔서 감사하고 다행이네요"라고 환영의 인사를 전하며 따뜻한 차 한잔을 먼저 권했다.

　초기 면접지를 건네받은 나는 그녀의 나이와 이름을 확인했다. 조금 전 그녀가 창밖을 내다보며 나에게 전해 준 쓸쓸함을 알 것 같았다. 여성으로서 상실감이 찾아든 오십 대의 문턱을 이미 넘어선 나이다. 그런 그녀에게 무엇이 상실감을 더 짓누르게 했을까? 나 역시 출근길에 떨어지는 낙엽을 보며 올라왔던 쓸쓸함 속에 무엇이 담겨 있는지 생각해 보았다.

　의례적인 내 소개와 함께 여전히 긴장감을 풀지 않는 그녀를 위해 잠깐 주의를 다른 곳으로 돌리기로 했다. 집에서 여기까지 오는데 교통편은 어땠는지, 어떤 계절을 좋아하는지, 좋아하는 계절과 관련해서 기분 좋았던 추억을 끄집어내면서 긴장의 끈을 조금 놓는 듯했다.

　느슨함을 낚아채듯 상담자의 역할에 대해서, 내담자의 역할에 대해서 앞으로 어떤 식으로 해 나가는지에 대한 이른바 상담의 구조화 작업을 했다. 덧붙여 상담가가 지켜야 할 비밀엄수와 상담의 요일, 시간, 횟수 등, 그러나 횟수는 상담해 나가면서 정할 것임을 가능한 간결하게 설명했다. 설명을 마친 후 그녀에게 질문이 있으면 해도 좋다고 말했다.

"비밀보장을 해주신다고 하셨는데, 제가 여기 오는 걸 남편이 몰랐으면 해요. 알게 되면 결국 나를 정신 나간 여자로 취급할 게 뻔하거든요."

그녀의 말에서 무의식적으로 자신이 내려야 할 역을 놓치며 여기 오기까지 망설였던 것이 무엇인지 조금은 알 것 같았다.

그러나 나의 시선을 계속 피하는 그녀의 우울한 정서가 염려되어 "혹 자신이나 다른 사람을 해치는 일이 생길 때는 가족들에게나, 필요한 기관에 속속들이는 아니지만 그 사건에 대해서 부분적으로 알려야 할 때도 있을 겁니다."

비밀보장의 제한점을 알려 주었다.

"결국 알게 된다는 얘기네요." 시선을 피하다가 처음으로 나를 똑바로 쳐다보며 내뱉은 말이다. 지금 그녀는 자해를 했거나 다른 사람을 해친 적이 있었다는 말을 하고 있다. 만약 지금도 계속 진행 중이라면 앞으로의 상담이 순탄치 않을 거라는 생각에 긴장감이 몰려왔다.

자살에 관한 문제는 생명과 안전에 직결되어 있기 때문에 상담가가 철저하게 챙기는 사안이다. 때문에 상담가는 거의 매 세션마다 자살의 기미가 있는지 없는지 살펴야 하고 긴장의 끈을 놓지 않아야 한다.

그렇다고 해서 그녀와의 첫 만남에서 바로 태풍의 눈으로 들어갈 수는 없다는 생각에 내가 물었다.

"부인이 상담받는다는 것을 남편이 알게 되면 두 사람 간에 일어났던 문제들에 대한 책임을 부인에게 다 전가시킬 것이라는 말씀이군요."

"그 사람은 그러고도 남을 사람이에요."

"속상하고 억울한 마음이 들었겠네요."

"말도 못하죠."

그녀는 긴 한숨을 내뱉으며 자신의 가슴을 쓸어내린다.

"속상하고 억울했던 일들을 생각하니 지금 몸에서 어떤 감각이 느껴지나요?"

속상하고 억울했던 경험들이 몸의 감각을 통해서 어떻게 표현되는지 인식시키기 위함이었다.

그녀는 갑자기 당황스러운 표정으로 나를 멀뚱하게 쳐다본다. 남편의 문제가 무엇이며, 그 잘못이 얼마나 큰지를 전문가인 상담가에게 말하고 싶어서 왔는데, 그녀 자신을 불러내니 굉장히 당황스러웠나 보다.

사람들은 현재 갈등적 관계나 문제상황에서 일어나는 책임을 상대방의 말, 행동, 태도에 초점이 맞추어져 있고, 정신에너지가 상대에게 집중되어 있기가 십상이다. 문제상황에 대해 자신은 어떻게 반응하는지, 자신이 뭘 원하는지, 무슨 행동을 했는지, 무슨 생각을 하고 있는지, 어떤 감정이 드는지 등 자신을 들여다보는 것에 서투르고 낯설어한다.

상담분야에 몸담고 있는 나 역시 처음에 힘들어했던 부분이다. 무의식 속에 나름대로 터득한 방법으로 잘 잠재워 둔 나를 깨워야 하는 그 과정이 당황스럽고, 불안하고, 힘든 여정이었다. 그러나 산행을 할 때 한 고개 넘어설 때마다 예상하지 못했던 아름다운 자연의 광경을 선물 받듯이, 자신을 일깨우는 여정에서 만나는 선물은 행복이 무엇인지 알게 해주고, 일상에서 내 삶의 의미를 찾게 해주고, 자신이 소중하고 충분히 사랑받을 수 있는 소중한 사람이라는 것을 알게 해준다.

15년 전쯤 내가 미국에 있었을 때의 일이다. 미국의 은행 시스템은 우리처럼 통장이라는 것이 없다. 우리가 매달 받아 보는 신용카드 내역서처럼 한 달에 한 번 내가 쓴 내역과 잔금이 든 내역서가 날아온다. 물론 전화나 현금 인출기로 현재의 잔고를 알려 주기는 한다.

그런데 그 잔고 역시 내가 예상했던 액수와 어긋날 때가 많다. 왜냐면 쓴 금액이 즉시 인출되지 않고 중간 통제시스템에서 붙잡고 있다가 시간을 두고 인출이 되기 때문이다. 고객의 돈을 안전하게 보호해 주는 장치이기는 하다. 그보다 즉각적으로 확인되어야 하고, 모든 것이 빨리빨리 돌아가야 직성이 풀리는 사회적 문화에 적응되어 있었던 나로서는 답답하고 늘 짜증이 났다.

게다가 같은 가게에서 두 번 이상 지출되거나 혹은 한꺼번에 많은 액수가 지출되면 전화로 꼭 확인하고 물어본다. "본인이 맞느냐?", "yes" 라고 하면 체크카드의 승인이 떨어진다. 나를 안전하게 보호해 주는 시스템인데도 불구하고 그럴 때마다 짜증이 났던 터에 뉴욕에서 공부하고 있던 작은아들을 만나러 가서 일이 터지고 말았다. 비어 있는 냉장고를 채워 주고 아들에게 필요한 물품을 사느라 여러 차례에 걸쳐 많은 액수의 돈이 인출되었다. 쇼핑을 끝내고 집으로 돌아가는 차 안에서 또 전화가 걸려왔는데, 얼마나 중요한 전화인지 까맣게 잊은 채 받지 않고 무시해 버렸다.

그 다음날 문제가 터지고 말았다. 은행 ATM 머신에서 내 체크카드를 사용할 수 없다는 것이었다. 그 전날 왔던 전화가 은행이라고는 전혀 생각 못했다. 다만 집을 사기 위해 넣어 두었던 큰 액수의 돈이 사라졌다고 생각하니 난 황당하고 화가 치밀어 올라 참을 수 없을 정도였고, 이 일을 어떻게 처리해야 할지 몰라 두렵고 불안했다.

볼일을 보려면 일주일은 더 뉴욕에서 체류해야 하고, 주거래 은행은 시애틀에 있다. 비행기로 6~7시간이 걸리는 먼 거리다. 뉴욕 지점에 가 보았지만 거래은행으로 가야 확실한 상황을 알 수 있다는 말만 했다. 할 수 없이 한국에서 발행한 은행 신용카드(credit card)를 쓸 수밖에 없었다. 그러나 불안한 마음 때문에 아들과 함께 보내고 싶은 마음을 접고 체류 날짜를 며칠 앞당겨 시애틀로 돌아올 수밖에 없었다. 도착한 다음날 은행으로 찾아갔다. 나는 흥분과 화를 잔뜩 담아 단단히 싸울 기세로 은행에 들어갔다. 서툰 영어로 싸워야 하는 것은 나에게 불리함을 가져다줄 뿐 아니라 화를 속 시원하게 한국어로 표현하고 싶은 마음에 영어로 통역할 큰아들을 앞세워 동행했다.

"무엇을 도와드릴까요?"라고 물어보는 은행원에게 나는 화난 표정으로 "당신과 말하고 싶지 않으니 책임자인 지점장을 불러주세요"라고 했다. 은행이라는 곳에서 이런 일이 생기는 것은 있을 수 없는 일이다. 너희들의 잘못으로 내가 얼마나 힘들고 골탕을 먹었는지 알기나 하냐며 상대방을 공격할 태세로 씩씩거리며 골탕 먹은 내 마음의 상태를 아들에게 통역하라고 했다. 내가 예상했던 상대방의 반응은 책임을 지지 않으려는 변명과 컴퓨터의 오류로 생긴 일이니 어쩔 수 없다는 말만 늘어놓는 것이었다. 내 목소리 톤은 금방이라도 싸울 태세였다. 그런데 돌아온 상대방의 말은 나의 예상을 뒤엎었다.

"저희가 불편을 드렸다면 대단히 죄송합니다. 일단 저 의자에 앉아 차를 마시면서, 당신에게 무슨 일이 있었는지 제게 소상히 얘기해 보시겠어요?"라고 말했다. 내가 뉴욕에서 겪은 일을 한참 동안 듣더니 "아들과 좋은 시간을 보내셔야 했는데 저희 은행이 큰 불편을 드렸을 뿐만 아니라 굉장한 심리적 불안을 드렸네요. 저희 은행이 어떻게 해주기를 원합

132

니까?”

　내가 원하고 바라는 거? 예상하지 못했던 질문에 당황스러움과 먹먹함을 느꼈다. 나는 상대를 비난하고 잘못되었다는 것을 확인시켜 주고, 두 팔 걷고 야단칠 일만 벼루고 있었지 내가 무엇 때문에 화가 났는지, 내가 원하는 것이 무엇인지는 전혀 준비가 되어 있지 않았다. ‘이게 뭐지’ 하는 생각과 함께 한 대 얻어맞은 기분이었다. 그러면서 내 마음속에 자리 잡고 있던 날카로움이 빠져 나가는 것을 느꼈다. 나는 더듬거리며 생각할 시간을 조금 달라고 요청했고, 천천히 기억을 더듬어 가며 요구하기 시작했다. 카드수수료, 환율 차이(한국은행으로 입금), 일을 다 마치지 못하고 중간에 오게 된 일, 돈이 사라졌을지도 모른다는 공포감과 불안감, 편안한 마음으로 아들과 함께 보내지 못했다는 미안함, 서운함 등의 심리적 충격을 주섬주섬 이야기하기 시작했다. 그들은 나의 이야기를 성의껏 다 들어주었고, 그 고충을 공감해 주고 게다가 실질적인 손해배상을 해주겠다는 말을 했다. 실제적인 배상문제에 있어서 내가 원하는 금액을 항목별로 적어서 달라고 하며 은행에서 해줄 수 있는 금액과 협상을 하기 시작하는 모습을 보며 놀라움을 금치 못했다. 은행을 나오면서 나는 그동안 내가 만났던 내담자가 당황스러워하던 표정, 침묵의 의미를 알 것 같았다.

우리는 시시비비를 가리느라 시끄럽게 싸우기만 하고, 결국 양쪽 다 손해 보는 적대적인 관계로 끝나 버리기 일쑤다. 서로를 비난하고 책임을 전가하는 데 급급하다. '내가 무엇때문에 화가 났는지?, 내가 원하는 것이 무엇인지, 상황이 이렇게 되기까지 나 자신이 일조한 것은 무엇인지' 등 나를 만나는 것이 낯설고 서투르다. 뿐만 아니라 그 과정에서 불안을 일으키는 경험들과 만나야 하기 때문에 힘들고 두려운 나머지 자신의 내면을 외면하고 단절시켜 버린다.

분례 씨 역시 마찬가지였을 것이라는 생각이 들었다.

"지금 무슨 생각을 하고 계시는지 말씀해 주실 수 있으십니까?"라고 내가 물었다.

"머릿속이 하얗게 비어 버린 것 같아서 당황스럽네요"하고 그녀가 말했다.

"부부관계 개선을 위해 상담받으려는 부인의 노력을 이해해 주고 환영해 주기는커녕 '그래 네가 정신 나갔다는 것을 스스로도 인정하는구나' 하는 식의 남편의 태도가 원망스럽고, 잘못된 것이 분명한데 오히려 부인이 이 자리에 있어야 하는 것이 당황스럽고 억울하겠군요."

눈물을 글썽이며 그녀가 입을 열었다.

"남편의 외도 때문에 제가 죽겠다고 다량의 수면제를 먹고 병원에 실려 가 위세척을 한 적도 있고요, 남편을 도저히 용서할 수 없어서 남편을 때리고 소리를 지르다가 기절한 적도 있어요. 그럼에도 남편은 진심으로 사과한 적이 없어요. 그러면서 자신의 잘못은 생각하지 않고, 진심 어린 용서도 빌지 않은 남편의 태도 때문에 화가 나요. 소리 지르고 싸울 때마다 정신과에 가 보래요." 그녀는 참았던 울분이 올라오는지 눈물, 콧물을 쏟아 내며 상담실이 쩌렁쩌렁 울릴 정도로 한참 동안 울었다. 과도한 감정을 쏟아내느라 기절하는 일이 생길까 약간의 염려는 되었지만 그녀의 고통을 존중해 주고 싶어서 나는 말없이 기다려 주었다.

슬픔은 우리를 눈물 흘리게 한다. 눈물은 고통을 덜어 주기도 하고 정화되도록 도와주는 역할을 한다. 과거에 상실한 것들을 마음껏 슬퍼하고 나면 우리의 에너지를 현재에 긍정적으로 사용할 수 있게 해준다. 간혹 여러분도 경험했을 것이다. 예를 들면 자신의 말을 귀담아 잘 들어주는 사람에게 자신의 힘든 상황을 눈물, 콧물 흘려 가면서 말하고 나면,

가슴이 뻥 뚫린 것처럼 속이 후련하고 동시에 문제를 전체적인 관점으로 보려는 폭넓은 아량이 마음속으로 들어오는 것을 한 번쯤은 경험했을 것이다.

분례 씨 역시 그동안 남편을 철석같이 믿고 살았는데, 어느 날 갑자기 찾아온 남편의 외도는 절망감과 배신감을 안겨주는 굉장한 정신적 외상이었을 것이다. 나의 공감적 격려가 그녀의 참혹한 고통에 따뜻한 젖줄이 될 수 있기를 간절히 바랐다.

"너무 감당하기 힘든 고통을 겪으셨습니다. 분례 씨도, 아이들도 ⋯."

그동안 그녀에게 무슨 일이 있었는지 물었다.

남편의
외도

　남편의 외도를 알기 전까지 분례 씨는 주변 사람들의 부러움을 살 정도로 단란한 가정을 꾸려 나가고 있었다. 아이들도 무탈하게 자라서 지금은 둘 다 미국 유학 중이다. 남편은 시아버님이 운영하던 꽤 큰 사업체를 물려받아 경제적으로도 아주 부유했다. 그녀의 삶은 어디 하나 빠진 데 없어 보였다.

　여형제들에게나 동창모임에서 작은 불만이라도 얘기하면, "팔자 좋은 소리 하지 마라"며 면박을 얻어맞기 일쑤였다. 남들이 보기에도 아무 걱정 없는 팔자 늘어진 사모님이었다. 그녀가 표현하는 불만은 더할 수 없는 욕심이고 사치였다.

　그러나 가끔씩 손님처럼 찾아오는 허한 마음을 움켜잡고 눈물을 글썽일 때도 있었지만 차마 드러낼 수가 없었다. 허한 그 마음이 무엇 때문에 슬픈 감정 속으로 빠져드는지 그 이유를 알 수 없었다.

남편은 일에 바빠서 언제 귀가했는지도 모를 정도로 거의 매일 늦게 들어왔다. 무슨 일 때문에 바쁜지 일체 말해 주지 않는다. 남자가 하는 일에 간섭하지 말라는 투다. 어쩌다 일찍 집에 들어오는 날에는 사소한 것에 늘 트집을 잡는다.

"놀면서 집안 꼴이 무어냐", "애들 공부 좀 잘 시키지 못하냐" 등의 잔소리가 끝이 없었다. 아이들 역시 남편이 퇴근해서 돌아오는 소리가 나면 현관으로 달려 나와 얼른 인사만 하고 다시 각자의 방으로 들어갔다고 한다. 아이들은 한 공간에 오랫동안 아빠와 함께 지내는 것이 긴장되어 자신들도 모르게 자리를 피한다. 아이들에게 아버지는 무서운 사람으로 마음속에 각인되어 있었다. 자식들처럼 부인에게도 마찬가지였다.

부부싸움 후에 남편은 뭐든지 돈으로 해결하려 한다. 정서적인 지지를 받지 못해 허한 마음을 토로하면 "당신 사고 싶은 것 있으면 사라" 하고 큰 액수의 현금을 통장에 넣어 주거나 아니면 남편의 카드를 화장대 위에 두고 출근한다. 그러면서 퇴근 후 부인 옆에 다가와 억지라도 성관계를 하면서 부인의 마음을 달래주려고 한다. 얼렁뚱땅 넘어가려는 남편의 그런 태도가 달갑지는 않으나, 둘의 성관계는 만족스런 편이다. 이것이 분례 씨가 이 가정을 떠나지 못했던 이유 중의 하나라고 한다. 그러면서도 "남편이 어느 날 갑자기 내가 싫어졌다고 하면 어떻게 하지? 하는 말도 안 되는 막연한 불안감이 들 때도 있었어요" 한다.

그 불안감이 현실로 찾아온 사건이 터지고 말았다. 남편의 핸드폰 문자, 한밤중에 이름 모를 여성으로부터 걸려오는 전화, 평소의 행적과는 다른 카드내역 등 남편의 외도가 의심되어 확인했더니 뜻밖에도 남편은 그 사실을 순순히 인정했다. 그러면서 당신 하고 싶은 대로 하라고 남편은 말했다.

"그때 남편이 어떻게 말해 주길 바랐나요?" 하고 내가 물었다.

"그것은 당신이 오해한 거고 사실이 아니라고 부정해 주길 바랐어요."

"……."

"정말 죽을죄를 졌으니 용서해 달라고 말할 줄 알았어요. 그리고 실수라고 …. 사랑하는 사람은 당신뿐이라고 말해 주기를 바랐어요. 그런데 아무 말도 하지 않고 쥐 죽은 듯이 가만히 있는 태도가 분해서 죽겠어요."

"지금 나한테 말하는 것처럼 남편에게 진정한 사과와 미안하다는 말을 듣고 싶다고 요청해 보셨나요?"라고 내가 물었더니, 언제나 남편이 먼저 말해 주길 원했고, 안 해주는 남편의 태도가 서운하고 괘씸해서 비난을 퍼붓는 데 급급했다고 한다.

"그러고 보니 내가 원하는 것을 한 번도 요구하거나 요청해 본 기억이 없네요" 한다.

"늘 해주길 바라며 기다리셨네요."

"그런데 이번에는 외도한 남편이 먼저 빌어야 되는 거 아닌가요?"

"부인이 바라는 대로 남편이 빌었다면 당신에게 좋은 것은 무엇입니까?"

"그래도 미안한 마음은 가지고 있구나, 잠깐의 실수일 수도 있겠다는 생각도 들었을 것 같아요. … 그리고 무엇보다 가정과 나를 버릴 마음은 없구나 하는 생각이 들었을 것 같아요."

그녀는 남편이 용서해 달라는 말도, 미안하다는 말도 하지 않는 것은 버림이라 생각했다.

"아! 이제 나를 사랑하지 않는구나, 드디어 나를 버리려고 하는구나" 하는 생각이 제일 먼저 들었다고 한다.

버림받음은 그녀에게 죽음이나 마찬가지였다. 그녀는 자신의 참혹한 고통 속에서 헤어 나오기 위해 다량의 수면제로 자살을 선택하기도 했고, 욕실에서 자신의 손목을 끊기도 했다. 그녀가 죽으면 남편이 죄책감에 시달릴 것이고, 남편의 배신을 복수하기 위함이었다고 했다.

잃어버린 남편의 사랑을 회복하고 그에게 죄책감을 심어주기 위해 자신의 생명을 담보로 하는 분노의 외침이 내 마음을 무겁게 했다. 그곳에는 그녀 자신이 존재하지 않는 것이다.

이런 그녀에게 남편은 묵묵부답이었고 침묵으로 일관했다. 그녀는 남편의 침묵을 '사랑이 떠나감', '거절', '부인이 어떻게 되던 상관없는 사람'으로 해석했다. 무릎 꿇고 싹싹 빌어도 시원치 않을 판에 입을 딱 다물고 침묵이라니 그녀는 용서할 수가 없었다. 게다가 자살까지 시도했는데도 아무 말이 없다니 괘씸하기 짝이 없었다.

이럴 경우 대부분의 사람들은 "어떻게 그럴 수가 있어? 부인이 남편의 외도 때문에 자살까지 시도를 했는데 모른 척하다니 참 냉정한 사람이군" 이라고 말할 것이다. 그런데 무뚝뚝한 사람들이 꼭 하는 말이 있다 "꼭 말로 해야 하나?, 말하지 않아도 내 마음은 그렇지 않다는 것을 그동안 함께 살아온 당신이 그 누구보다 잘 알잖아" 라는 말로 변명과 핑계를 댄다.

무뚝뚝한 성향을 지닌 남편이 부인이 바라는 정서적 친밀감을 잘 표현하지 못해서 평소에도 그녀가 답답했고, 때때로 허한 마음 때문에 힘들었다는 상담 초기에 했던 그녀의 말이 생각났지만 나는 연결시켜 주는 것은 뒤로 미루기로 했다. 그녀의 마음속에 찬바람만 불러일으킬지도 모른다는 생각이 들었기 때문이다.

어릴 때 부모로부터 정서적 지지를 받아본 경험이 없는 사람은 다른 사람들과 정서적으로 어떻게 친밀감을 형성해야 하는지, 또 상대에 대한 공감이나 격려를 어떻게 표현해야 하는지 그 방법을 모르기 마련이다. 그래서 입을 다물어 버리거나, 아니면 거칠게 표출하는 경우도 볼 수 있다. 남편의 가족력 조사는 아직이지만, 짐작건대 남편 역시 상대의 힘든 처지를 공감해 주고 격려해 주는 표현방법을 잘 모르고 있는 것이 아닐까 싶었다.

그래서 마음은 가지고 있는데 어떻게 표현해야 되는지를 몰라서 입을 다물어 버리는 경우가 대부분이다.

이때 상담가가 남편의 침묵을 다른 관점에서 볼 수 있도록 길을 열어 준다면 부인은 남편에 대한 배신감으로부터 조금 자유로워질 수 있을 것이다.

사람은 살아가는 방식이나 사람들과 관계 맺는 기술, 즉 사랑을 표현하고, 사랑이 부족하다고 여겨질 때 상대에게 다가가서 부드럽게 요구하거나 요청하는 기술 등은 어릴 때부터 부모가 하는 것을 보고 배운다. 때문에 그동안 안 하던 짓을 하려니 굉장히 서툴고 낯설기 마련이다.

그렇지만 낯설고 서투르다는 이유로 부인(혹은 남편)과의 관계가 악화되는 것이 당신의 삶에 이득이 되는 것인지 묻고 싶다. 우선 발달되지 못한 취약한 면의 그 근원을 찾아내서 자기인식의 길로 들어서면 마음이 예전보다 가벼워짐을 느낄 것이다. 그런 후 친밀한 정서적 표현을 반복되게 연습하는 것이 해결의 열쇠임을 여러분 또한 명심해야 할 것이다.

남편의 외도

왜 자살을
시도하는 걸까

분례 씨는 항상 남편이 외도했다는 사실과 그에 대해 진정
으로 사과하지 않았다는 것에 초점을 맞추고 있었다. 그러다
보니 그동안 남편과 잘 지냈던 흔적들은 사라져 버리고 그녀
의 마음속에는 온통 '버림받음'으로 꽉 차 있었다.

그런 그에게 죄책감을 심어 주기 위해 그녀는 수면제를 과
다복용하기도 했고, 욕실에서 면도칼로 손목을 그어 병원에
실려 가는 등, 몇 번의 자살소동이 이어졌다. 잃어버린 남편
의 사랑을 회복하고 배신한 남편에게 복수하기 위해 자신의
목숨까지 내걸었지만 그때마다 남편은 놀라는 기색조차 없
었다. 평소처럼 무뚝뚝하고 담담하게 대했고 어떨 때는 외면
했다. 그것은 그녀가 기대했던 그림이 아니었다.

'혼자 남겨진 자'의 고통을 맛보기를 원했고, 그녀를 잃을까 봐 노심초사하는 남편의 모습을 기대했다.

"혼자 남겨진 자의 고통은 어떤 것을 말합니까?" 하고 내가 물었다.

"막막하고, 깜깜하고, 무섭고, 망망대해에 혼자 버려진 느낌…. 그래서 안절부절못하며 소리 지르고 울죠."

"혼자 버려진 느낌이 어떤 건지 남편도 느끼길 바랐네요."

"네…. 죽어가는 내 모습을 보면서 처참하게 무너지길 바랐어요."

"남편에게 당신이 겪은 괴로움을 갚아 주기 위해 부인의 귀중한 생명을 담보했네요."

상담실을 찾아오는 사람들 중에 자살에 대한 생각을 하고 있거나, 자살충동을 느끼거나, 자살을 시도했던 사람들은 대체로 사랑의 결핍과 무능감, 거부감, 상실감을 느끼기 때문이거나 자기를 버린 사람에게 죄책감을 불러일으키기 위한 것인 경우가 많다. 대상에 대한 증오와 그에 대한 복수의 감정이 자기에게로 향했을 때에도 자살을 한다.

그러므로 주변에 누군가가 자살할 생각을 가지고 있다고 말하거나 또 자살을 시도하려고 한다면, 무엇보다 중요한 것은 그 사람의 참담한 심정을 표현할 수 있도록 말을 시켜야 한다. 그리고 그 마음을 충분히 격려해 주어야 한다. 그러면서 자살은 결코 문제를 해결하는 수단이 될 수 없음을 알려 주어야 하며, 생명의 소중함을 단호하게 강조해야 한다. 지금 겪고 있는 문제 외에 다른 소중한 일과들이 많음을 찾아낼 수 있도록 도와주어야 한다. 그리고 이것은 당신의 삶 속에서 지나가는 바람일 뿐이라고 ….

만약 어떤 사람이 이미 알려진 자살위험의 특성을 보일 경우 상담가는 언제나 그 내담자의 자살 위험성을 평가할 준비가 되어 있어야 한다. 과거에 자살기도를 했던 적이 있는지, 자살로 이끌고 갈 만큼의 절망적인 느낌이 무엇인지, 굴욕감을 느끼도록 스트레스를 받은 사건이 무엇인지, 그간 여러 번 누적된 상실감 등이 무엇인지를 구체적으로 탐색해 보아야 한다는 것이다.

내담자가 자살에 대해 생각하는지를 알기 위한 가장 좋은 방법은 "사람들이 당신처럼 느끼는 경우 그 사람은 스스로를 해칠 생각을 하기도 하죠. 당신도 그런가요?" 라고 질문하는 것이다. 만약 대답이 그렇다고 한다면 상담가(친구, 주변 사람들도 이와 같은 질문으로 도와주어야 함) 는 그 생각에 대해 계속해서 질문을 던질 필요가 있다.

"만약 그렇다면, 어떻게요? 그리고 언제 그런 일이 있었나요?"

그런 후 그 무엇보다 상담가의 진정한 격려가 필요하다. 힘들 때 누군가가 던져 주는 위로의 말 한마디가 그 순간, 그 사람에게는 큰 위안이 될 수 있다는 것을 여러분도 한 번쯤은 경험했을 것이다.

그처럼 나 역시 내담자에게 "당신 곁에는 당신이 살아 있기를 진정으로 원하는 사람 중에 하나인 내가 있으니 혼자 감당하기에 너무나 버거운 당신의 짐을 여기 내려놓고 함께 풀어 나갑시다"라고 말한다. 고통 속에서 허우적거리다 보면 점점 더 고통의 늪 속으로 빠져들어 삶을 포기해 버리기 일쑤다. 등불을 손에 들고 어둠 속으로 들어가 무엇이 그들을 힘들게 하는지 찾게 해주어야 한다.

"당신을 가장 힘들게 하는 것이 무엇입니까?"
"그때 어떤 감정을 느낍니까?"
"무엇을 할 때 우울하지 않습니까?"
"죽고 싶지 않을 때는 무엇을 할 때입니까?"
"당신이 즐겁고 행복할 때는 언제입니까?"

무엇을 하니까 우울하지 않고, 어떤 감정과 생각이 들면 우울감이 찾아오는지 구체적으로 찾게 한다. 그동안은 일상 전체가 우울감에 휩싸여 있었다 라고 생각했는데, 그것이 아니라는 것도 알게 되고, 우울해지지 않는 행동을 의도적으로 넓혀 나간다면 일상이 힘들지 않게 될 것이다.

우울에서 벗어나기 위한 방법처럼 자살 또한 마찬가지이다. 만약 혼자 있을 때 자살하고 싶은 충동이 치밀어 올라오면 냉장고에서 물을 꺼내 시원하게 한잔 마시고, 심호흡을 길게 3번 하고 나서 그리고 친구에게 전화를 걸어 자신의 마음을 털어 놓는 방법, 그 외 나름대로 다양한 방법들을 평소에 적어 놓고 행동하는 버릇을 들여야 할 것이다.

혹은 음악을 듣거나 사람들이 북적대는 재래식 시장으로 산책을 하거나 자기 자신에게 맞는 방법들을 찾아야 한다는 말이다.

버림받았던
상처

어릴 적 그녀는 버림받았던 깊은 상처를 가지고 있었다. 몸이 약한 엄마는 둘째인 그녀를 혼자 할머니 집으로 보내 버렸기에 쓰라린 기억들을 많이 가지고 있었다.

"말썽 피우지 않고 잘 지내고 있으면 엄마가 데리러 오마"라는 말만 남기고 엄마는 뒤도 돌아보지 않고 떠나갔다. 그래서 그녀는 할머니의 말에 잘 순응했고 착한 아이 소리를 들으려고 무진장 애를 썼다고 했다. 한두 달 정도 머물다가 집으로 돌아갔지만 엄마와 가족들과의 이별은 그녀가 학교에 들어가기 전까지 계속 반복되었다.

혼자만 엄마와 떨어져야 하는 것이 이상하고 억울하다는 생각이 들어 한 번은 엄마에게 "왜 나만 할머니 집에 가야 돼?" 하고 물었지만 누구에게도 명쾌한 대답을 듣지 못했다. 다만 혼자 생각하기에 오빠는 학교를 다녀야 하고 동생은 너무 어려서 그럴 것이라는 짐작만 했다. 엄마의 표정이 시무룩하거나 기운이 없어 보이면 "또 할머니 집으로 쫓겨나야 하나?" 하는 불안한 생각들이 그녀의 마음을 어지럽게 했다. 그럴 때마다 불안하고 다급한 마음에 엄마를 졸졸 따라다니며 묻고 또 물어보았지만 돌아오는 것은 묵묵부답이었다. 뒤이어 영문도 모른 채, 그녀는 조용히 엄마의 손을 잡고 할머니 집으로 가야 했다. 소리 지르고 울고 싶었지만 할머니 집에서 영원히 돌아오지 못할까 봐 턱까지 차오르는 울음을 참아야 했다. 군소리 없이 착하게 지내야 다시 엄마 손을 잡고 집으로 돌아올 수 있으니까.

그녀는 상담자인 나 역시 자신의 엄마처럼 자신을 소홀히 대하는지 의심의 눈초리를 놓지 않았다. 그리고 그녀의 말을 귀담아 듣고 있는지 나에게 이미 말했던 바를 자꾸 되풀이하는 경향이 있었다. 나는 이를 알아차리고 말했다.

"아마도 내가 당신의 얘기를 제대로 듣지 않는다고 여기는 것 같군요"라고 언급하자 그녀는 내가 무슨 뜻으로 그런 말을 했는지 따져 물었다.

"분명하진 않지만 마치 내가 당신의 말을 부주의하게 듣는다고 여기는 것처럼 했던 말을 되풀이하는 경향이 있어요. 내 생각에 당신의 부모 중 매우 산만하거나 아니면 자신의 생각에만 골몰하는 분이 계셔서 아마도 당신은 이미 했던 이야기를 여러 번 상기시키는 데 익숙해져 있는 것 같아요"라고 설명하자 그녀는 "그럼 대부분의 부모가 자녀의 말에 귀를 기울인다는 뜻인가요?"라고 반문하였다.

그녀에게 이 말은 전혀 새로운 개념이었던 것이다. 모든 사람들이 자신의 가족을 준거로 삼기 때문에 때로는 성인기 후반에 이르러서야 그동안 가족 내에서 결여되어 왔지만 한 번도 의식적으로 인식하지 못했던 것들에 대해 깨닫게 되기도 한다. 그동안 남편 역시 그녀의 말에 잘 대꾸해 주지 않아서 자신을 무시하고 소홀히 대하는 것으로 여겼다. 감정은 언젠가 터지기 마련이다. 어릴 때 엄마 앞에서는 잘 참아왔던 울분이 어른이 되어서야 터져 나왔나 보다.

"왜 내 말을 무시하느냐", "나를 우습게 여기면 당신 벌 받을 거다", "당신에게 무시당할 만큼 하찮은 존재 아니다" 등의 말을 남편에게 거침없이 쏟아냈다.

그녀에게 남편의 묵묵부답은 거절이고 외면이었다. 어릴

때의 엄마처럼 그녀 혼자 할머니 집에 남겨두고 떠나갈지도 모른다는 불안의 신호이기도 했다.

때문에 그녀는 의식하지 못하는 가운데 살아오면서 남편이나 주변 사람들에게 거절당하고 혼자 남겨질까 두려워하고 불안했던 것이다. 그러다 보니 다른 사람의 표정을 살피게 되고, 그녀에게는 상대가 어떻게 반응하느냐가 더 중요했고 그곳에 늘 관심이 꽂혀 있었다.

특히 남들의 부러움을 살 정도로 단란한 가정이 깨질까 봐 늘 전전긍긍하고 불안해했다. 기쁘고 따뜻함을 가져다주는 행복한 순간도 놓치는 경우가 많았다. 태풍전야의 고요함이라 여기며 행복을 의심했다.

슬픔도 있었지만 그녀에게도 기쁠 때가 있었다는 것을 잊고 살았다. 여태껏 '버림받음'의 돌부리에 걸려 상처만 더 키워 왔을 뿐 그녀 인생의 중요한 진리를 놓치고 있었다. 기억의 반대편에 숨어 있는 환영받고 소중하게 다루어졌던 경험들도 존재한다는 것을 캐내지 못하고 있었던 것이다.

그녀가 풀어내야 할 과제는 어린 시절의 상처를 인정하고 자신의 인생을 여러 각도에서 폭넓게 바라봐야 한다는 데 있다. 다시 말해서 자신에게 취약한 심리적 상처뿐 아니라 강점 또한 찾아내어 전체적인 자기를 수용하려고 애쓰고 노력해야 한다는 것이다.

그래서 건강한 사람은 어린 시절에 상처받은 내면아이가 현재의 삶을 망치도록 내버려 두지 않는다. 그리고 어떤 상황에서든지 자신을 잃어버리지 않는다. 자신은 세상에 하나뿐인 불완전한 존재라는 것을 깨닫고, 과거의 상처와 화해하고, 어린 시절의 상처로부터 벗어나 현재의 삶을 객관적으로 바라볼 수 있어야 한다. 과거와 마주할 때야말로 우리는 더 성장할 수 있게 된다.

대물림되는
상처들

부모의
상처에
갇혀 버린 아이

　고등학교 1학년 민영이는 초등학교 5학년까지는 엄마의 말
을 잘 들어주고 공부도 아주 잘하는 착한 딸이었다. 학교에서
는 선생님과 친구들에게서 우등생이라고 주목을 받았고 엄마
는 딸 덕에 이웃들의 부러운 시선을 한껏 즐길 수 있어서 사는
데 힘이 났다. 그래서 엉망으로 어질러진 딸의 방을 치우고 아
침잠이 많은 아이를 깨워 등교준비를 하는 것이 엄마가 살아
가는 낙이었다.

　엄마는 남편이 술주정으로 폭력을 휘두르고 직업도 변변
치 못해 집안 형편이 어려운 것을 낮은 학력 때문이라고 여
겼다. 그래서 내 딸만큼은 공부를 잘해서 일류대학을 나오면
수준에 맞는 좋은 남자를 만날 수 있을 거라는 기대와 희망

을 딸에게 걸었다. 공부하라는 엄마의 잔소리는 입에서 떠나질 않았다. 말끝마다 "엄마 같은 팔자가 되지 않으려면 공부 열심히 해서 일류대학에 들어가 좋은 남자를 만나야 한다"며 네 아버지는 돈도 못 벌고 찌질하고 형편없는 남자라고 아이에게 주입시켰다. 민영이의 아버지는 하루가 멀다 하고 술을 마셨다. 술을 마신 날은 영락없이 갖은 욕설과 폭력이 난무했다. 이에 대항하기 위해 몸서리치는 엄마의 소리에 아이는 귀를 막았고 자신의 방문을 걸어 잠갔다.

컴퓨터에 앞에 앉아 대화방에서 만난 얼굴도 모르는 친구들에게 "저렇게 싸우면서 왜 사는지 모르겠다"고 마음 놓고 부모 욕을 하면서 기분을 풀었다.

중학교 2학년에 올라가면서 민영이는 엄마의 말에 대들기 시작하였고 성적도 차츰 떨어지기 시작하였다. 성적이 떨어지자 선생님과 친구들의 관심도 사라졌다. 엄마는 하늘이 무너지는 것 같았다. 매사를 공부와 연결시켜 화를 냈다. "너 공부도 안 하면서 방 꼴이 이게 뭐냐", "공부도 못하면서 컴퓨터에 앉아 뭘 하냐"라고 맹비난을 퍼부어댔다. 민영이 아버지는 술만 마시고 오는 날이면 애를 어떻게 키웠길래 저 모양이 됐느냐고 부인을 원망하며 또 싸웠다.

그때부터 문제의 행동이 나타나기 시작했다. 민영이는 아침에 일어나지 못해 지각할 것 같으면 선생님에게 야단맞는 것이 싫어 아프다는 핑계로 아예 학교에 가지 않았다.

친구들과 어울리는 것이 어쩐지 낯설고 옹기종기 모여 있는 아이들 속에 끼어들 수가 없었다. 차츰 말수도 줄어들었고 혼자 지내는 시간이 많아졌다. 공부는 아예 손을 놓아 버린 지 오래였고, 어떨 때는 반에서 꼴찌다.

상담가인 내가 "새벽까지 그렇게 컴퓨터 앞에만 앉아 있으면 허리도 아프고 힘들 텐데 뭐가 좋으니?"라고 물었더니 자신의 마음을 풀고 소통할 수 있는 곳은 오직 컴퓨터뿐이라고 했다. 그런 딸의 말에 엄마는 눈살을 찌푸리며 공부도 안 하고 게임만 하고, 방은 냄새가 날 정도로 엉망으로 어질러져 있어서 남편과 더 싸우게 됐다며 딸의 문제를 늘어놓았다.

처음에는 무표정한 얼굴로 엄마의 이야기를 듣고만 있던 민영이는 시간이 지나자 언성을 높이며 엄마에게 대들었다. 엄마와 딸이 평소에 어떻게 대화하는지 알 수 있는 좋은 기회였기에 한동안 두 사람의 가시 돋친 설전을 지켜보기로 했다.

부모의 상처에 갇혀 버린 아이

엄마: 매일 컴퓨터에 앉아 공부도 못하는 똑같은 것끼리 모여 무슨 덕 되는 말을 하겠니? 뻔하지.

딸: 우리가 덕이 되는 얘기를 하는지 아닌지 엄마가 어떻게 알아.

엄마: 밤늦게까지 컴퓨터 하느라 아침에 늦게 일어나고 학교에 결석하니까 하는 소리지. 네가 공부 열심히 하고 옛날처럼 성적만 올라가면 얼마든지 컴퓨터 해. 너 할 일 해 놓고 하는데 누가 뭐라 그래.

딸: 나는 학교에서 공부 가르치는 방식이 마음에 안 들어서 학교가기 싫어. 난 검정고시 칠 거야.

엄마: 학교에서도 공부를 안 하는 애가 무슨 집에서 공부를 한다고 거짓말하지 마. 엄마는 공부하고 싶어도 할머니가 여자는 공부시킬 필요가 없다고 해서 못했어. 그것이 얼마나 한이 되는데. 그래서 내 팔자가 이렇게 된 거야.

딸: 엄마 팔자가 그런 걸 왜 나한테 강요해? 공부하고 싶으면 엄마가 지금부터 공부해서 팔자 고치면 될 거 아냐.

엄마: 저년 말하는 것 좀 보세요. 선생님. 내가 누구 때문에 이 고생하면서 사는데 너 아버지 술 처먹고 집안 살림 때려 부수고 죽으라고 맞고 살면서 너 하나 공부 잘해서 잘되면 그만이다 하고 참고 살았는데 ….

딸: 왜 엄마, 아빠문제를 내가 책임져야 해! 나한테 강요하지 마. 엄마는 만날 "공부 못하면 너 아빠 같은 사람 만난다. 엄마, 아빠 사는 것처럼 가난하게 고생하면서 산

다" 그러는데 걱정하지 마. 엄마, 아빠처럼은 안 살 거니까.

엄마: 야, 고등학교도 졸업 못했는데 누가 너를 써 준대? 아빠처럼 공장에서 일하거나 남의집살이밖에 더하겠어. 우리처럼 살게 될까 봐 걱정돼서…. 너 부모니까 이런 이야기를 하지. 남 같으면 욕먹어 가면서 이런 얘길 왜 하겠니? 그리고 고등학교도 졸업 못하면 뭘 해 먹고살 수 있겠니? 대학 나온 사람들도 요즈음 취직 못해서 난린데 누가 써 주겠니? 이 답답한 것아, 정신 좀 차려라.

딸: (언성을 높이며) 또 그 소리야. 답답한 사람은 나라고! 검정고시 쳐서 대학가면 되잖아, 학교에서 아무것도 안하고 혼자서 멍 때리고 있다가 오는 거 이제 지겹고 죽고 싶다고….

엄마: 네가 밤새도록 컴퓨터만 하고 잠이 모자라니까 당연히 선생님 말도 귀에 들어오지 않고 멍하니 졸립기만 하겠지. 너 마음만 먹으면 성적 올릴 수 있잖아. 선생님 예전에 얘가 유학 보내달라고 해서 우리 형편에 무슨 유학이냐, 안 된다고 했더니 하도 졸라대고 학교 그만두겠다고 난리를 피워서 그럼 반에서 10등 안에만 들어라 그럼 보내주겠다 그랬는데 진짜 해냈던 아이예요. 그런데 내가 포기할 수 있겠어요?

딸: 그런데 엄마는 약속 안 지켰잖아. 나는 유학가고 싶어서 한 거지 공부하고 싶어서 한 거 아니야. 난 학교 가면 같

이 놀 친구도 없고 애들은 나를 물건취급 하듯 함부로 대하고 왕따 시켜. 이대로 가다가는 내가 죽을 것 같단 말이야.

엄마: 선생님 애가 매일같이 협박해요. 죽겠다고….

딸: 엄마도 만날 그랬잖아. 네 아빠 때문에 못살겠다. 너 공부 안 하고 이렇게 말썽 피우면 엄마는 죽어버릴 거니까 찌질한 네 아빠하고 둘이서 잘 살아봐라. 그리고 나 초등학교 6학년 땐가 농약 먹고 병원에 실려 갔던 적도 있잖아.

상담가가 두 사람의 입씨름을 중단시켰다. 민영이가 밖으로 나가고 엄마와 상담이 이어졌다. 딸과의 설전으로 얼굴이 상기돼 있었다. 매일 이렇게 딸과 싸운다고 했다. 이렇게 싸우면서 서로 언성이 점점 높아지고 민영이가 자기 방으로 문을 쾅 닫고 들어가 버리면 끝이 난다.

불행한 결혼생활을 버티게 하고, 살아야 할 이유였던 딸이었다. 그런데 그 이유가 사라져 엄마는 죽고 싶단다. 가슴을 쓸어내리면서 꺼억 소리 내어 운다. 딸의 반항적 행동들이 엄마 자신을 무시하는 것으로 받아들여졌다. 평생을 무시당하며 살아왔는데, 딸까지 그러니 견딜 수가 없었다고 한다.

어려운 형편 속에서 자란 엄마는 오빠 때문에 모든 것을 희생해야 했다. 오빠는 친정엄마 치마폭에 싸여 식구들의 관심과 사랑을 독차지했다. 맛있는 것도 언제나 오빠가 먼저였고 학교준비물이나 학급비를 내는 것도 가난한 형편 때문에 민영이 엄마는 뒤로 밀려났다. 공부 잘하는 자신을 제쳐 두고 오빠만 고등학교를 진학시켰다. 부모에게 애원하며 발버둥쳐 봤지만 소용이 없었다. 부모는 아들이 잘돼야 집안 형편이 피고 노후에 자신들을 부양해 줄 사람은 아들이라고 했다. 여자는 집에서 살림 배우다가 시집가면 그만이라는 것이었다. 딸이라는 이유로 희생과 좌절을 감내해야 했던 민영이 엄마는 억울함과 분노를 마음속 깊이 삼켜야 했다.

그 후 집을 나와 서울에 있는 공장에 취직해서 야간고등학교를 졸업했다. 공장에서 만난 사람이 지금의 남편이다. 성실하고 착한 남자여서 결혼을 했다. 그런데 결혼생활의 뚜껑을 열고 보니 착한 남편은 어눌한 구석이 많은 남자였다. 친구에게 빚보증을 서 주고 어렵사리 모아둔 돈을 다 날려 먹었고 속상한 마음을 술로 달래기 시작했다. 자신의 실수를 만회하려는 노력보다는 일이 없다는 핑계로 집에서 쉬는 날이 더 많았다.

"남편의 그런 행동에서 생각나는 사람이 있느냐"고 물었

부모의 상처에 갇혀 버린 아이

더니 민영이 엄마는 "우리 집에 찌질한 남자들요"라고 답한다. 막일을 하던 아버지는 술주정이 심해 엄마를 때렸고 집안이 조용한 날이 없었다. 아버지의 수입이 일정하지 않아 엄마도 행상을 하며 가계를 도왔지만 간신히 먹고 살 정도였다. 딸에게는 학교준비물을 한 번도 신경 써준 적이 없었던 엄마가 오빠에게는 늘 예외였다. 새벽에 이웃집에 돈을 빌려서라도 해주었다. 당신들의 미래는 그저 장남인 오빠만 믿는다고 했다.

딸에게 어떤 보살핌도 해주지 않는 친정 부모를 보며 자신은 나중에 결혼하면 절대 내 딸에게만큼은 이런 서러움을 주지 않으리라 결심했다. 오로지 자신의 딸만큼은 여자라는 이유로 희생적인 삶을 살지 않았으면 하는 바람이 컸다.

남편 역시 민영이 엄마의 삶에 도움이 되지 않는 사람이라고 생각했다. 남편 노릇, 아버지 노릇도 제대로 못하면서 큰 소리만 치는 남편의 행동은 자기희생과 억울함으로 가득한 어린 시절의 기억을 긁고 덧나게 했다. 그래서 자기 삶의 좌절과 고통을 눈물로 호소하고 죽겠다고 소리도 질러 보았지만 소용이 없었다. 딸이 자신의 억울한 삶을 보상해 줄 수 있는 마지막 희망카드였다. 살아가는 이유고 버틸 수 있는 힘이라고 생각했다.

딸을 통해서 엄마 자신의 결핍을 보상받고 싶은 그 욕망이 아이의 성장을 방해한 것뿐만 아니라 둘 사이의 관계까지 해치고 있다는 것을 미처 깨닫지 못했다.

게다가 어릴 적 부모로부터 딸이라는 이유로 차별당하고 적절한 보살핌을 받지 못했던 억울한 마음이 남편에게 투사되어 남편의 행동들이 더욱 못마땅하게 여겨졌음을 몰랐다.

남자를 못마땅하게 여기는 마음의 거울을 통해서 남편을 보았다. 마음에 드는 구석이 있을 리가 없었다. 살면서 남편의 행동에 사사건건 트집을 잡았다.

"남자면 다 용서가 되나?", "능력도 안 되는 주제에…", "찌질한 남자."

어릴 적 부모와의 관계에서 경험했던 불공평함, 억울함, 분노, 수치심, 원망 등의 감정들을 해결하지 못한 채, 현재 딸과의, 남편과의 관계에서 여전히 문제가 된다는 것을 몰랐던 것이다. 불공평하고 억울한 마음을 떠나보내지 못하고 붙들고 있었다. 그 마음을 잡고 있을 때 우리는 계속해서 불행한 세상 속에 머물 수밖에 없다. 그것은 잃어버린 것을 인정하느니 차라리 억울한 세상 속에서 살겠다는 마음과 같다.

부모의 상처에 갇혀 버린 아이

왜냐하면 억울한 마음속에서는 적어도 소리치고 분노를 터
트려도 그 이유가 타당하기 때문이다. 그런데 부모가 그러는
가운데 자식도 함께 그 세상 속으로 걸어 들어간다는 것을
미처 깨닫지 못한다.

자식을 통해 자신의 결핍을 채우려는 부모를 바라보는 자
식의 마음은 과연 어떠할까? 그들은 부모의 희생을 고맙게
받아들이기보다는 자신들이 부모의 정신적 허기를 채워 줄
수 없음에 좌절하고 죄책감에 싸이게 된다. 어쩌면 자신의
삶 또한 그리 다르지 않으리라는 불안을 애써 잠재우기 위해
소리 지르고 반항하는 것인지도 모른다.

딸의 자율성을
삼킨 엄마

엄마는 자신의 몸이 부서지는 한이 있어도 딸 뒷바라지를 위해서라면 못할 것이 없었다. 공부 외는 아무 일도 못하게 하였다. 알람시계를 맞춰 주고 몇 번의 울림에도 일어나지 않는 딸을 깨우고, 시간이 늦어 아침을 먹지 않으려고 떼를 쓰는 딸에게 미숫가루를 타서 현관까지 따라 나오며 억지로 먹이려고 실랑이를 벌이고, 딸의 의견은 물어보지도 않고 가족 모임이나 친척 모임에 참석하지 못하게 선수를 쳤다.

"너 조금 있으면 시험이지? 공부해야 할 것 같아서 사촌들에게 못 간다고 미리 얘기해 놓았으니 너는 집에서 공부나 해."

엄마는 주변정리나 청소 그리고 빨래뿐 아니라 딸이 원하는 것은 말이 떨어지기가 무섭게 다 해주었다. 어지럽혀 놓은 방을 나중에 정리하겠다고 하면 혼자 치우지도 못하면서 무슨 소리냐며 엄마 마음대로 방을 치우고 딸의 물건을 허락도 없이 함부로 버리는 것도 마다하지 않았다. 오직 엄마 생각에 딸은 공부만 열심히 하면 좋은 대학을 나올 수 있을 것이고, 후에 남들이 부러워할 만한 멋진 남자를 만나 호강하며 살게 하고 싶었다. 그렇게 하는 것이 딸의 앞날을 위해 엄마로서 최선을 다하는 것이라 여겼다.

엄마는 너에게 어떤 사람이 되기를 원하는 것 같으냐고 묻자 민영이는 엄마 팔자 닮지 말고 공부 열심히 해서 수준 높은 좋은 남자 만나기를 원하는 것 같다고 대답했다. 너도 그러길 바라느냐고 물었더니 그것은 엄마의 팔자타령이지 자신과는 상관없는 일이라고 했다. 자기는 돈만 있으면 지금이라도 집을 나가고 싶은 마음뿐이라고 했다. 그래서 고등학교를 졸업하든 검정고시를 치든지 간에 끝나면 이 집구석에서 살 마음이 없어 독립해서 나갈 계획이란다.

딸은 엄마의 구속으로부터 벗어나기 위해서는 무조건 이 집에서 나가야 한다고만 생각했다. 독립하기 위한 경제적인 책임, 일상생활에 대한 자기관리, 주거, 직장 등의 문제는 안중에도 없었다.

민영이는 자신이 마치 엄마 뜻대로 움직이는 로봇 같다고 느꼈다. 삶의 주체가 자신이 아닌 것 같은 느낌 때문에 무기력했다. 자신의 생각과 감정은 중요하지 않았고 무시되었다. 매사에 점점 의욕이 없어졌고 짜증만 늘었다. 당연히 공부에 집중할 수가 없었고 소홀하게 되었다. 숙제도 하지 않는 날이 더 많았고, 친구들과 어울리지 못해 혼자 있는 시간이 많아졌다. 자신에게 일어나는 모든 힘든 일들은 학교를 그만두고 검정고시 치면 끝날 일인데, 이 요구를 들어주지 않는 엄마가 문제라고 했다. 딸은 아침에 제때 일어나지 못해 자주 지각을 하고, 친구들과 어울리지 못하고, 학교생활에 잘 적응하지 못하는 모든 것이 그 누구도 아닌 바로 자신이 책임져야 할 과제임을 깨닫지 못하고 있었다.

아이들이 스스로 삶을 선택하고 결정하는 능력을 키워 내려면, 어린아이 때(3세)부터 배우고 훈련을 받아야 한다. 아주 사소한 일상생활에서 배우고 익혀 나가야 한다. 즉, 양치질하는 것에서부터 시작해서 장난감을 치우고, 수저질하는 것까지 아이가 혼자 할 수 있는 것은 서툴더라도 기다려 주고, 스스로 할 수 있도록 맡겨 주어야 한다. 아이들은 작은 일을 혼자 스스로 해냄으로써 자존감이 향상되고 책임감을 키워 나간다. 자신이 할 수 있는 것에 스스로를 대견해하고, 못하는 것은 기꺼이 다른 사람의 도움을 받을 줄 알게 된다. 그리고 일을 미루지 않고 즐겁게 하는 방법을 찾아낸다.

반면에 민영이처럼 부모가 대신 다 해주거나, 혹은 부모가 따라다니면서 간섭하고, 명령과 지시에 의해서 움직였던 아이들은 성인이 되어서도 누군가의 명령이 떨어지지 않으면 움직이지 않는다. 몸과 마음이 명령과 지시에 길들여져 있기 때문이다. 일을 지연시키고, 기일이 코앞에 다가와서야 겨우 할 채비를 하거나, 직장상사의 불호령이 떨어져야 후닥닥 해치우기도 한다. 기일이 명령 자체이기 때문이다.

학생들도 마찬가지다. 수업에 빠지기 일쑤이고, 과제물도 제때 제출하는 법이 거의 없다. 그러면서 일을 제때 처리하지 못하는 자신에게 좌절하게 되고 화를 낸다. 이런 사람들은 늘 무기력감에 빠져 있기 마련이고 침울하고 우울해한다. 자존감이 낮고, 일에 짓눌려 있는 것 같은 느낌이 들어 늘 피로감에 휩싸여 있다. 그 피로감을 일이 많아서, 혹은 직장환경 탓으로 돌리며 분노한다.

먼저 자신의 의존성을 파악해야 한다. 그리고 명령에 의해서 움직이는 몸과 정신에너지의 흐름을 다른 방향으로 물꼬를 틀어야 한다. 이것은 말처럼 그렇게 쉽지가 않을 것이다. 우리가 사소한 습관을 바꾼다는 것은 여간 어려운 일이 아니라는 것을 살면서 누구나 경험했을 것이기 때문이다. 그렇다고 해서 자신의 삶을 피로감과 무기력감에 처박아 둘 것인지를 여러분들에게 묻고 싶다.

먼저 일상생활에서 스스로 선택하고 결정하는 것부터 시작해 보라. 엄마의 명령이 떨어지기 전에 스스로 머리를 자르기 위해 미장원에 가든지, 자신이 원하지 않는 일에 대해 상대방에게 정중하게 사절을 하든지. 가령 "아버지께서 기대하시는 만큼 성적이 잘 나오질 않아 실망스러우시겠지만, 대신 제가 잘할 수 있는 것은 운동입니다" 라던가 또는 알람시계를 맞추어 기상하고 학교 갈 준비를 하는 등, 지금 자신이 할 수 있는 것부터 시작해 보는 것이 좋을 것이다. 사소한 일상생활부터 스스로 이끌어 나갈 때 자기 주도적인 삶이 시작된다.

내 마음속에
상처받은 어린아이가
살고 있다

민영이 엄마는 요즘 점점 죽고 싶을 만큼 삶이 허무하고 우울하다. 남편은 술에 절어 있는 날이 더 많고 딸은 방에서 누구와 통화하는지 핸드폰에 매달려 있거나 컴퓨터에 빠져 공부는 아예 할 생각을 안 한다. 간식을 챙겨 들고 방문을 열었더니 과자 부스러기며 여기저기 옷가지들이 널려 있고 방 꼴이 말이 아니다. 욱하고 올라오는 화를 참을 수가 없다. 상담을 통해서 아이와 좋은 관계를 맺기 위해서는 먼저 비난과 욕설은 방해만 되었지 이득이 되지 않는다는 것을 알았음에도 순간 통제력을 잃었다.

"이게 사람 사는 방이냐? 쓰레기 더미에서 사는 미친 여자 방이지. 네 아빠는 또 나만 달달 볶잖아. 방 안 치워 준다고.

엄마도 바빠 죽겠는데 보자 보자 하니까 정말 너무 하네. 내가 네 하인이냐? 내가 너 대학 보내려고 이리 뛰고 저리 뛰고 정신없이 일하는데. 사람이 집에 들어오면 엄마 수고하셨어요, 말은 못할망정 방문이라도 열어 봐야지. 넌 자식도 아니다” 하고 아이와 싸우는 날은 더 우울하고 이렇게 살면 뭐하나 싶다. 아이도 엄마처럼 삶의 의욕을 잃은 것 같다. 그게 영 마음에 걸리고 불안해서 밤에 잠도 잘 이루지 못한다. 나도 엄마를 싫어했는데 딸아이 역시 나를 싫어하고 화를 참지 못해 욕을 퍼붓는다. 내 삶의 목표 중 하나가 ‘내 엄마 같은 엄마가 되지 않는 것’인데 말이다.

엄마는 저를 위해서 내 한 몸 다 바쳐 열심히 사는데 게으르고 느릿한 행동을 보이는 딸아이에게 더 화가 나고 불안했다. 아빠 같은 남자를 만나 엄마 팔자 닮은 삶을 살게 될까 봐 걱정이 태산이었다. 만약 아이가 학교를 그만두게 된다면 어떻게 될까? 결국 대학에 들어가지 못하고 아빠 같은 남자를 만나게 된다면? 이런 생각을 하면 우울해서 견딜 수가 없다. 민영이 엄마에게 그것은 가난의 굴레에서 벗어나지 못하고 엄마 같은 팔자로 살아가게 될지도 모른다는 공포다. 자신이 태어난 곳으로 다시 돌아가는 일 따위는 절대 일어나서는 안 된다고 그렇게 다짐했건만 뜻대로 안 되는 것이 인생인가 보다. 그래서 민영이 엄마는 자신을 담금질하고 딸을 닦달하고 몰아세운다. 강해져야 한다고.

민영이 엄마는 누구에게 화내고 있는 걸까? 어릴 때 경험한 심리적 상처와 자기가 싸우고 있는 것이다. 그 중심에 민영이가 희생자이다. 부부싸움의 중심에는 어린 시절에 부부 각자의 부모관계에서 겪었던 심리적 상처가 있다. 이 때문에 서로 다투는 것이다.

민영이 엄마는 어릴 때 부모님이 오빠만 편애한 일과, 딸로 태어나 엄마에게 버림받고 거절당한 경험 때문에 억울함, 질투심, 수치심, 분노 등의 부정적 감정들을 안고 피해의식 속에 살았다.

성경에 "자신이 믿는 대로 이루어진다"라는 이야기가 있다. 이 말을 다르게 표현하면 우리는 자신이 보는 것을 믿는 것이 아니라 자신이 믿는 대로 세상을 본다는 것을 말한다. 민영이 엄마가 어릴 적부터 믿어왔던 것은 전부 그녀의 피해의식에서 비롯되었다. '나는 여자라서 쓸모가 없다', '엄마는 날 싫어해', '남자들은 다 찌질하고 못났어' 등이 그 예다.

결혼하자 남편은 직장도 변변찮으면서 잔소리만 하는 남

자였다. 오빠와 엄마에게 하지 못했던 복수의 칼날을 자신도 모르게 남편에게 세우기 시작했다. 공장일을 하는 남편이 못마땅했고 쉬는 날이 많아 방에서 뒹굴고 있으면 부아가 치밀어 올라 그냥 두고 볼 수 없었다. 맞벌이로 돈도 자기가 더 많이 벌어오는데, 별 볼 일도 없어 보이는 남자가 가장이랍시고 이래라 저래라 큰소리만 치니 못마땅하고 화가 났다.

민영이 엄마가 말했다. "남편은 평소에 묻는 말에 대답도 잘 안 하고 침묵만 지키는 사람이 술만 마시고 오면 온 동네가 떠나갈 듯이 소리 지르고 심하면 때리기까지 하는데, 무섭기보다는 찌질한 남자로 보여 무시해요. 그런데 저는 제 마음속에 일어나는 분노가 왜 그렇게 감당하기 힘든지 정말 모르겠습니다."

상담가: 아뇨, 알고 계시네요.
엄마: 　　안다구요?
상담가: 예, 어머님은 지난 면담에서 여자에 대한 분노가 당신을 그토록 힘들게 하는 이유에 관해 말씀하셨습니다. 그때도 그 말을 하고 나서 바로 '모르겠다'고 말씀하셨지요.
엄마: 　　그게 무슨 뜻이지요?

상담가: 어머님의 마음속에는 분노가 버림받는 것과 밀접하게
　　　　관련되어 있다고 말했죠.

엄마 :　아! 제 어머니에 관해 말씀하시는군요?

상담가: 그렇습니다. 그래서 어머님이 딸에게 자신의 팔자를
　　　　닮을까 봐 두렵고 걱정되어 화가 많이 나신다고 하셨
　　　　습니다.

　민영이 엄마는 살면서 자신의 상처 입은 영혼을 달래주고 받아줄 사람을 만나지 못했다. 상담을 통해서 민영이 엄마는 상처받은 어린아이를 만나고 대면하면서 마음속 깊은 곳에 숨겨져 있었던 희생과 억울함, 수치심, 죄책감, 분노 등의 부정적 감정들을 다 쏟아냈다. 온몸을 휘감고 있었던 부적절하고 부정적인 감정들 틈새로 한 줄기 빛이 들어오기 시작하였다. 상담가가 옆에 있는 빈 의자 하나를 민영이 엄마 앞에 두고 마주보게 하였다. 프레드릭 펄스(Frederick Perls, 1951)에 의해 고안된 게슈탈트 치료기법인 빈 의자 기법을 사용하였다. 민영이 엄마가 이전까지 완전한 자신(whole self)으로 통합되지 못했던 자신의 부분과 만나고, 소유하도록 도와주는 것이 필요하다고 생각했다.

내 마음속에 상처받은 어린아이가 살고 있다

상담가: 당신의 어머니에게 야단맞고 따뜻한 보살핌도 제대로
받지 못했던 어린 시절의 당신이 저 의자에 앉아 있다
고 상상하실 수 있겠습니까? (고개를 끄떡였다.) 지금
의 당신이 마음속 깊은 곳에 버려두었던 그때 상처투
성인 어린 아이에게 지금 당신이 해주고 싶은 말이 무
엇입니까?

부인: 왜 바보처럼 가만히 있었니? 나도 엄마한테 사랑받고
싶다고 얘기하지, 주눅 들지 말고 이제 어깨를 펴 봐.
(울음을 참지 못하고 한참을 울었다.)

상담가: 그동안 당신조차 거부하고 떠올리고 싶지 않았던 어린
시절의 당신을 만나고 위로하고 나니 지금 기분이 어떠
세요?

부인: 늘 주눅 들고 바보같이 말 못했던 어린 시절의 내가 불
쌍하고 슬프네요. (한없이 또 눈물을 흘림.) 불쌍하고
굴욕적인 나 같은 신세가 될까 봐 딸을 볼 때마다 걱정
되고 불안한 마음에 잔소리를 했던 거 같네요.

대부분의 사람들은 자신들의 원가족(부모)과의 관계에서
심리적 상처를 겪기 마련이다. 부모는 체벌과 갖은 욕설, 비
난을 자식을 위한 사랑이라고 한다. 그 잘못된 사랑에 자식
이 병들어 가는 것을 모른다. 그 상처는 아이의 심리적 성장
을 멈추게 한다. 그리하여 몸은 어른으로 성장해 나가는데

마음속에는 치유되지 않은 상처받은 어린아이가 살고 있다. 살아가면서 누군가가 그 상처를 건드리면 불에 덴 것처럼 놀라고 화를 내고 분노한다. 그러나 대부분은 내 마음속에 상처가 무엇인지, 그것 때문에 일상에서 관계에서 어떤 일이 일어나는지조차 알지 못하고 다른 사람 탓을 하며 관계를 악화시키고 자신의 상처를 더 덧나게 하여 신체적으로 정신적으로 병드는 불행한 삶을 살게 된다.

부모는 자신의 심리적 상처 속에 갇혀서 좌절된 자신의 욕구를 아이로부터 보상받으려 한다. 마음대로 요리되지 않으면 잔소리하고 욕하고 비난하는 부모들이 너무 많다. 이제 아이는 또 다른 희생자가 되어 몇십 년이 지나면 엉뚱한 사람에게 자신의 심리적 상처를 내세워 다툴 것이다. 반면에 현재 갈등적 관계에서 일어나고 있는 문제가 어릴 적 겪은 심리적 상처와 관련이 있다는 것을 알게 되면 마음속에 엉켜 있던 복잡한 실타래가 풀릴 것이다.

우리는 내 마음속에 상처받은 아이를 알아채고 공감하며, 격려하여 성장시켜야 한다. 그래야 내 아이가 자신이 누구이며 원하는 삶이 무엇인지, 무엇을 할 수 있고 무엇을 할 수 없는지 분별하며 어떻게 할 것인지 생각할 수 있다. 그리하여 아는 바를 해냄으로써 필요한 것을 얻고 또한 모르는 것을 인식하게 된다. 삶의 여정에서 편안하고 넉넉한 행복감을 찾을 수가 있는 것이다.

chapter

6

사랑이
뭐길래 ?

세상과 소통하기 위해
컴퓨터에
빠져든 아이

    요즈음 아이들의 문제로 빼놓을 수 없는 주제가 바로 컴퓨터 중독이다. 컴퓨터 게임하고, 인터넷 검색하고, 대화방에 들어가 지네들끼리 통하는 얘기 주고받느라 시간 가는 줄 모르고 밤을 꼴딱 샌다. 그러느라 학교 가는 일은 뒷전이다. 지각은 밥 먹듯이 하고 학교 가는 날보다 가지 않는 날이 더 많다. 학교를 가더라도 졸려서 수업에 집중할 수가 없다. 그렇다고 해서 반 친구들과 어울려서 웃고 떠들고 노는 것도 아니다. 어쩌다 한 친구가 말을 걸어도 무반응이다. 지나가던 친구가 발을 툭 치거나 자기 물건을 훼손하여도 그냥 쥐죽은 듯이 가만히 있는다. 그때부터 아이의 학교생활은 고생의 연속이다. 견디다 못한 아이는 친구들이 못살게 굴기 때문에 학교를 갈 수가 없다고 부모에게 선언한다. 그러면서 검정고시 쳐서 대학진학을 하겠단다.

못살게 구는 친구들 때문에 학교에 갈 수 없다는 아이의 말에 엄마는 그동안 내심 걱정하고 불안했던 문제에 답이라도 얻은 양 가해자인 아이들을 처벌하기 위해 득달같이 학교로 달려간다. 그럼 그렇지. 그동안 걱정했던 아이의 문제가 부모의 잘못이 아니라는 확인을 받은 셈이다.

그런데 막상 상담실에서 만나는 컴퓨터에 빠져 있는 아이들은 있는 그대로의 자기를 부모에게 인정받지 못한 아이들이 대부분이다. 부모의 욕망에 따라 움직일 뿐, 아이 자신의 삶은 존재하지 않는다. 자신이 원하는 것, 할 수 있는 것과 없는 것은 무엇인지, 무슨 생각을 하고 있는지, 감정이 무엇인지, 자기 마음 안에서 무엇이 일어나고 있는지를 물어보면 "한 번도 그런 생각해 본적이 없는데요", "몰라요" 하고 딱 잘라 말한다. 아이의 말처럼 정말 모르는 것 같아 보인다.

그럴 때마다 나에게 전해지는 것은 아이의 마음이 풀 한 포기 나지 않는 메마른 사막처럼 휑하니 빈 느낌이다. 아이들은 자기는 텅 비어 있고 부모만 존재하는 세상 속에서의 생활은 무미건조하다고 느낀다. 계속되는 부모의 잔소리와 질타에 꺼져 가는 자기 존재감을 컴퓨터 속에서 만나는 사람과 소통하면서 긴장도 풀고 사는 재미를 그 속에서 찾으려고 한다.

그런데 대부분의 부모들은 아이가 고등학교를 졸업하지 못하면 한마디로 실패한 인생이라고 여긴다. 더구나 요즈음 아이들에게 요구하는 성공적인 삶의 모습은 대학을 나와 번듯한 대기업에 들어가는 것이다. 지금 아이의 성적은 최하위권인데도 부모는 개의치 않는다. 초등학교 때는 성적이 그런대로 상위권에 있었던 아이였기 때문에 다시 예전처럼 되돌려 놓으면 아무 문제가 없다는 것이 부모의 주장이다. 그러기 위해서 엄마는 아버지의 힘을 빌려 컴퓨터를 책상에서 치우고 방과 후부터 잠자기 전까지 비난과 질책으로 아이의 일과를 통제한다. 그러면 그럴수록 아이는 더 어긋나게 굴고 점점 컴퓨터에 빠져드는 악순환을 겪게 된다.

"어머니가 원하는 자식으로서의 자격은 어떤 건가요?" 하고 상담가가 물으면 부모들은 "부모 말 잘 듣고 학생이니 공부 잘해서 대학 들어가 주는 것 외에 없어요" 하고 말한다.

결국 부모가 원하는 대로 살아 주지 못하면 부모로부터 왕따 당하는 자식이 되고 만다. 오직 부모 말 잘 듣고 공부 잘

187
세상과 소통하기 위해 컴퓨터에 빠져든 아이

하는 것 말고는 관심도 할 말도 없는 부모에게 절망하면서 아이는 비난과 질책밖에 없는 세상 속에서 소통의 길을 찾을 수가 없다. 부모에게 속 썩이는 못난 자식으로 낙인이 찍힌 아이는 마음속에 자기는 아무것도 할 수 없는 못난이로 각인되어 있다.

친구들에게 어떻게 다가가야 하는지, 친구가 말을 걸어와도 뭐라 얘기를 해야 하는지 자신이 없다. 혼자 멍 때리며 가만히 있는 것이 수라는 것을 이미 터득한 아이는 반 친구가 자기 옷에 물을 붓고, 또 지나가면서 발을 걸어 넘어져도 자기는 못났으니 당연하다는 듯이 반항하지 않는다. 내 부모가 그랬으니까.

지금 학교를 자퇴하고 고등학교 검정고시 준비 중인 혜숙이는 밤늦게까지 컴퓨터에 빠져 있다가 새벽에야 잠자리에 든다. 엄마는 새벽부터 일어나서 출근을 준비하면서 아이의 아침을 챙겨 놓고 일터에 나간다. 딸아이가 5살 때 이혼한 엄마는 혼자 아이를 키우며 열심히 살아가는 것은 오직 딸아이를 위해서라고 생각했다. 엄마는 "내가 너를 버리지 않고 너를 위해 이렇게 고생하면서 열심히 살아가는데 넌 왜 그 모양이냐"라는 생각 속에서 아이를 바라보는 시선이 고울 리가 없었다. 매사 아이의 행동에 딴죽을 걸었다. "숙제 했냐?", "오늘 분량의 문제지 풀었냐?", "입안에서 혼자 웅얼거리지 말고 말을 똑똑히 해라", "왜 그렇게 행동이 느리니 너만 보면 속 터져서 죽겠다", "네가 공부 잘하고 착실해야 엄마가 고생한 보람이 있지" 등 마치 마술사의 입속에서 끝없이 나오는 실처럼 엄마의 비난과 질책은 계속됐다.

혜숙이는 엄마와 마주하는 것이 두려웠다. "또 내가 뭘 잘못했지" 하는 생각밖에 없었다. 엄마의 입에서 무슨 말이 나올지 겁이 났고 엄마의 표정과 기분이 어떤지 살피면서 고개를 숙이기 시작했다. 용기를 내서 어쩌다 자기의 생각을 목소리 높여서 얘기하면 말대꾸를 하고 대드는 버릇없는 자식이라며 분노를 터트렸고 화를 냈다. 심하면 매를 들어 엄마의 분이 풀릴 때까지 때렸다.

죽지 않을 만큼 맞았다는 혜숙이는 이렇게도 저렇게도 자신이 할 수 있는 것이 아무것도 없다고 생각했다. 마치 고양이에게 물려 갈까 두려워 구멍 속에만 틀어박힌 생쥐처럼 자기 방에 가만히 있는 것이 편했다. 그런데 엄마는 고개 숙이고 말이 없고 자신감이 없어 보이는 아이의 모습이 예전의

세상과 소통하기 위해 컴퓨터에 빠져든 아이

남편을 보는 것 같아 "그래. 씨는 못 속이지" 한다. 혼잣말 속에 아이의 앞날에 대한 걱정이 태산이었다. 걱정이 불안과 두려움에 휩싸여 엄마의 잔소리와 질책은 날이 갈수록 강도가 세졌다. 생활력 없고 무기력한 남편 닮은 아이로 키우지 않으려고 없는 돈에 학원 보내가며 얼마나 애를 썼는데 ….

이제 아이는 학교도 가지 않겠다고 폭탄선언을 하며 컴퓨터에 빠져 방에서 나오지도 않는다. 엄마는 딸을 위해 온갖 일을 다 하며 열심히 사는데, 딸은 딴전을 피운다. 공부는 아예 뒷전이고, 밤새도록 컴퓨터에만 앉아 있다. 엄마의 마음을 조금이라도 헤아려 주지 못하는 딸이 밉고, '내 삶은 항상 왜 이것밖에 안 되지?' 하는 생각이 들어 자신의 처지가 불쌍하고 억울해서 늘 가슴이 불이 나는 것처럼 화가 차올라 견딜 수가 없다고 한다. 그래서 자신의 신세 한탄을 딸에게 다 풀었다.

"넌 어쩜 네 애비랑 똑 닮았니, 아이구! 지긋지긋해", "엄마가 이렇게까지 말하는데 넌 도대체가 귓구멍이 있는 애냐? 아니면 멍청한 거냐? 왜 바보같이 말을 안 해?", "도대체 어떻게 생겨 먹은 애길래, 어쩜 그렇게 미적거리냐", "무책임하기 짝이 없구나. 또 까먹은 거니?"

딸에게 마구 퍼붓는 악담의 질주에 엄마 자신이 스스로 놀랄 때도 있으나 딸의 무기력한 모습 앞에서는 제어장치가 고장 난 자동차처럼 멈출 수가 없다.

인격을 건드리고 상처를 주는 방식으로 꾸짖으면 아이들은 자신의 잘못을 깨닫고 반성하기보다는 "그래. 나는 못난 사람", "나는 무책임한 애", "나는 말썽만 피우고 한심한 애"로 자신을 내면화시켜 부정적인 자아개념을 갖게 된다. 마음속에 이런 식의 자기감이 각인된 아이는 자기 나름대로 살아남기 위한 방책을 강구한다. 숨어 버리거나 도망가는 방식을 취해 부모의 마음을 더 안달하게 하고 화를 더 불러일으키는 악순환을 낳게 된다.

마찬가지로 학교에서도 집에서도 자신이 설 자리가 없는 혜숙이는 숨 쉴 곳이 필요했고, 소통할 곳을 찾아야 했다. 그래서 아이는 살아남기 위해 세상과 담을 쌓았고 엄마와의 관계를 단절시켰다.

대부분의 사람들은 누군가가 자신을 질책하고 비난으로 공격하면 자신을 보호하기 위해 본능적으로 일단 도망가거나 피해 버리는 것이 상책이라고 여기기 마련이다. 아니면 상대

세상과 소통하기 위해 컴퓨터에 빠져든 아이

방과 똑같이 맞선다.

만약 혜숙이 엄마가 딸의 잘못된 행동만 탓하고 인격적인 모독이나 경멸을 하지 않았다면 두 사람의 관계가 어떻게 되었을까? 아마 상담실을 찾지 않았을 것이고 어려운 환경 속에서도 건강한 삶을 살아가고 있었을 것이다.

상대방과 좋은 관계를 유지해 나갈 줄 아는 좀더 성숙한 사람은 자신의 생각, 감정, 행동을 점검하고 관계를 맺기 위해 다시 다가가는 것을 시도한다. 다시 말해서 상대방을 비난하지 않으면서 상대방의 공격으로 인해 영향을 받은 자신의 생각과 감정을 표현하고 효율적인 문제해결 방식을 취한다. 능동적이고 효율적인 삶의 대처방식은 어릴 때 부모와의 좋은 관계를 통해서 배우고 익힌다. 가령 아이가 실수로 물을 엎질렀을 때 "넌 왜 그렇게 매사 조심성이 없는 아이니?" 하기보다는 "물을 엎질렀구나" 하고 간단하게 아이 행동에 대한 정보만 제공해 주는 것만으로도 충분하다. 그러면 아이는 "내가 잠시 딴생각을 해서 그래요" 혹은 "내가 너무 서둘러서 그랬어요" 등 자신의 실수가 어디에서 비롯된 것인지를 말할 수 있게 된다. 자신의 행동에 대한 내적인 탐색을 하고, 도망가지 않고 문제에 직면하려고 할 것이다. 그런데 비난받으며 인격에 상처를 주는 말을 들으면 아이들은 자신을 방어하게 되고, 또 부모는 비난의 수위를 높이고 아이도 방어의 수위를 높여 맞받아치는 악순환을 낳게 된다. 결국 아이는 부모의 말을 듣는 둥 마는 둥, 보고도 못 본 척 무시하고 관계를 단절시키고 담을 쌓아 버린다.

혜숙이는 엄마의 눈치를 보며 살면서 억압시켰던 그동안의 분노를 상담가인 내게 털어놓기 시작했다. 얼마간 감정을 배설시킨 후에 아이 자신에게 초점을 맞추어 질문을 던졌더니 아이는 멍한 표정을 지으며 "한 번도 생각해 본 적이 없어요" 한다. 그러던 아이가 나에게 "그동안 내가 누구고 무엇을 원하는지, 무엇을 좋아하는지, 내 생각과 감정이 무엇인지를 몰랐고, 내 마음속이 텅 비어 있었던 것 같아요" 라고 말하며 자기 가슴을 쓸어내리며 주룩주룩 흘러내리는 눈물을 닦지도 못하고 한없이 울었다.

아이는 휴지로 눈물을 꼭 눌러 닦으며 두 입술을 꽉 다물었다. 이제 엄마에게 휘둘리지 않겠다는 결심을 내보였다. 늦었지만 텅 비어 있는 자신을 채우는 노력해 보겠다고 했다.

"자신을 채우기 위해 무엇부터 해 보시겠습니까?" 하고 내가 물었다. 당황스러운 눈빛으로 나를 멀뚱하게 쳐다보더니 긴 한숨을 내쉬었다. 나는 기다리기로 했다. 아이가 자신의 감정을 표현하고 생각을 끄집어낼 때까지 ….

한 번도 스스로 자신의 삶을 계획하고 실천해 나가는 과정을 겪어 보지 못했고, 자신이 할 수 있는 것이 무엇이고, 할 수 없는 것은 무엇이며, 또 해야 하는 것이 무엇인지 경험해 보지 못했던 아이다. 그러니 당황스럽고 사고가 정지된 듯한 느낌과 무기력감에 놓여 있을 것이 뻔했기 때문이었다.

아이는 기대 이상으로 자신의 결심을 실천하고 싶은 의지를 나타냈다. 욕심내지 않고 실천할 수 있는 작은 것부터 시작하려는 모습에서 주도적인 삶을 이끌어 나갈 수 있는 아이의 잠재능력이 엿보였다.

"아침에 일어나서 준비하고 검정고시 학원에 가는 일부터 내 스스로 해 봐야겠어요. 아침부터 엄마의 잔소리가 시작되고, 그러면 난 화가 나서 문 잠그고 방에서 나오지 않고 학원에 가기 싫어지거든요. 그 일부터 엄마에게 간섭받지 않고 혼자 꾸려 나가 보려고요."

그래서 우선 어떤 상황에서 자신의 생각과 감정이 무엇인지 찾아보게 하였고 그리고 그것을 부드럽게 엄마에게 표현해 보도록 상담가와 여러 차례 역할놀이(*role paly*)를 반복하며 연습했다.

아울러 엄마에게 여태껏 해왔던 엄마의 방식이 엄마가 원하는 대로 되었느냐고 물었더니 아니라고 고개를 저었다. "이번에 상담받으면서 알게 된 것이 저도 친정엄마가 했던 방식으로 딸아이에게 했던 것 같아요. 저 역시 그 외의 것은 몰랐으니까요. 난 단지 내 딸이 나 같은 팔자로 살지 않았으면 좋겠다는 바람뿐이었는데…. 잘못되었네요" 하며 눈시울을 붉혔다.

못난이로 취급하며 비난하고 질책하는 세상 속에서 아이들은 자신을 마음 놓고 드러내고 펼칠 수 없다. 소통할 수 있는 곳은 컴퓨터에서 만나는 세상뿐이다. 그런데 부모와 교사는 이 아이가 컴퓨터에 빠져 있는 행동만 눈에 들어올 뿐 이 아이가 왜 컴퓨터의 세상 속으로 도망갔는지는 외면해 버리고 알려 하지 않는다.

톨스토이의 《참회록》에서 인도의 자이나교 경전에 나오는 일화를 소개한다. 어느 책에서 읽었던 기억이 나서 요즈음 아이들의 초상을 잘 묘사해 주고 있다는 그 구절을 다시 재인용해 보았다.

세상과 소통하기 위해 컴퓨터에 빠져든 아이

어떤 나그네가 길을 가다가 맹수에 쫓겨서 허둥지둥 달아나
다가 큰 웅덩이에 빠졌는데, 다행히 벽에서 뻗어 나온 나뭇가
지에 옷이 걸려서 죽음만 겨우 면하게 되었다. 정신을 차리고
밑을 내다보니 바닥에는 뱀들이 우글거리고 웅덩이 위에는 맹
수가 여전히 으르렁 짖어대고 있었다. 이러한 위기의 상황에
서 이 나그네는 모든 것을 포기하고 마침 나뭇가지에 붙어 있
는 벌집의 꿀을 빨아 먹고 있었다.

이처럼 절박한 상황에 처하게 될수록 모든 것을 잊고 절망
적인 상태에서 고통을 외면하고 더욱 쾌락을 추구하는 것이
우리의 모습이다. 그러면서 쾌락을 고통으로부터 벗어날 수
있는 방도로 여기는 어리석음을 저지른다.

아이들 역시 자기가 살아남기 위한 어떤 방도를 취한다.
그것이 자신을 잃어버리고 세상과 단절하는 길로 들어서는
것인지도 모른다. 그러나 진정한 관계 속에서 컴퓨터보다 편
안하고 재미있는 것을 찾고, 세상과 소통하는 즐거움을 보여
주면 아이들 역시 그곳으로 찾아들기 마련이다.

복수를
꿈꾼 아이

'크면 두고 보자.'

상담에 오는 많은 아이들의 이야기를 들어 보면 지금의 문제행동으로 부모에게 복수하고 있는지도 모른다는 생각이 들 때가 종종 있다. 복수를 꿈꾸는 아이들은 부모에게 당했던 억울함으로 가득한 기억을 가지고 있다고 보아도 좋을 것이다. 어린 마음에 서럽고 두려웠던 마음을 어찌할 바를 모른 채 '크면 두고 보자'는 복수의 칼날을 갈았다는 말을 많이한다.

금방이라도 눈물이 쏟아져 나올 것 같은 슬픈 표정을 지으며 힘없이 자리에 앉는 엄마와는 달리 아들은 당당하고 꼿꼿

한 자세로 거칠게 자리에 앉는다. 엄마가 한숨을 쉬며 먼저 말을 꺼냈다. "아들이 사춘기라서 그런지 다루기가 힘들어요. 엄마한테 대들고 욕을 하고 심하면 때리기까지 하니 아들한테 이렇게 당하고 살아야 하나 싶어 죽을 만큼 힘이 듭니다" 하는 엄마의 말이 떨어지기가 무섭게 아들은 숨을 몰아쉬면서 참을 수가 없다는 듯 거칠게 토해낸다.

"서너 살 때부터 중2 때까지 엄마가 말끝마다 욕설을 퍼붓고 너무 많이 때렸어요. 그때가 내 기억으로는 한 다섯 살 되었을 겁니다. 물을 흘리며 마신다고 머리를 쥐어박았고, 엄마와 외출할 때 옆에서 빨리 걷지 않는다고 사내새끼가 왜 그렇게 느려 하며 엄마는 손을 놓아버리고 혼자 종종걸음으로 앞서 가 버렸을 때 얼마나 무섭고 두려웠는지…. 무섭고 두려운 마음에 울면서 달려가 엄마의 손을 잡으려고 하면 사내새끼가 왜 울어 하고 얼굴을 마구 때렸어요. 더 심한 것은 내가 무엇을 잘못했는지 기억은 안 나지만 팬티도 입지 않고 발가벗겨진 채 대문 밖으로 쫓겨난 적이 있는데 그때 옆집에 사는 같은 유치원에 다니는 여자 친구가 쳐다보며 웃었던 그 창피함과 수치심은 잊을 수가 없어요. 내가 그렇게 죽도록 맞을 만큼 무엇을 잘못했는지, 툭하면 욕하고 때렸습니다."

그럴 때마다 아이는 절망과 분노 속에서 '크면 두고 보자'
는 생각밖에 없었다고 한다. 아들은 기억의 창고에서 하나씩
끄집어내며 어제 일처럼 생생하게 자신의 억울함을 그려냈
다. 엄마는 아들의 말에 멍한 눈빛을 보내며 도리질을 친다.
야단친 적은 있으나 아들이 지금 말하는 것처럼 그렇게 심하
게 때리거나 욕설을 퍼부은 적이 없다고 딱 잘라 말한다.

과거의 기억들을 묻어버리고 싶은 엄마에게 상담가인 내
가 물었다.

"엄마에게 대들고 욕하는 아들에게 어떻게 반응하세요?"

"나도 같이 욕하고 싸우죠, 그런데 이제 힘으로는 안 돼
요. 그래서 손에 잡히는 대로 물건을 집어던져요. 시끄러워
서 이웃에 들릴까 창피합니다."

자식을 잘못 키웠다는 소리를 듣게 되지는 않을까 엄마는
더 두려웠다. 자신의 가족 모양새가 이웃의 눈에 어떻게 비
추어질까에 더 집중되어 있었다. 아들의 변화된 모습은 남보
다 사춘기를 크게 겪는 것 같았고, 하고 싶은 것이 많은 나이
인데 집안형편상 못해 주는 것이 많다 보니 충돌이 잦아지고
반항하는 것이라고 했다. 문제를 아들의 사춘기 시기의 반항
적인 행동 탓으로 돌렸고, 감당할 수 없는 요구를 하며 억지

를 부리는 아들의 행동을 탓했다. 영리한 아이라 그 누구보다 사리분별을 잘할 수 있을 것인데도 불구하고 자기가 필요한 것이면 무조건적인 요구를 하고, 이를 거절하면 욕하고 엄마를 괴롭혔다. 이런 아들의 태도에 억장이 무너지고 무기력감에 어디론가 떠나고 싶다고 말하며 엄마는 울었다. 서럽게 울면서 자신이 그동안 얼마나 힘들었는지 모를 거라고 했다. 자식들만 바라보면서 열심히 엄마노릇 하며 살아왔다고 자부했는데, 아들이 반기를 든 것이다.

엄마와 아들은 서로 상대를 탓하고 소리 지르면서 모자관계를 망치고 있었다. 아들은 그동안 쌓아 두었던 엄마에 대한 원망과 분노를 나름대로 힘이 생기자 터트리기 시작하였고, 엄마는 이런 버릇없는 아들이 못마땅하고 억울한 마음이 들어 원통해했다. 엄마가 기억하기로는 어릴 때의 아들은 엄마가 무슨 말을 하든 잠자코 있었던 착한 아들이었다. 그런데 아들 입장에서는 달랐다. 힘없고 어떻게 할 수가 없어서 참았을 뿐이고, 중학교에 들어갈 때까지 기다렸다고 한다.

엄마 말에 복종하고 착했던 아들이 중학교 올라오면서부터 달라지기 시작했다. 현관에 들어서면서부터 매사에 트집을 부리고 화를 냈다. 신발이 가지런히 놓여 있지 않다고 화를 냈고, 동생의 공부를 봐주면서 "이것도 못하느냐"고 화를 내며 머리를 쥐어박았고, 집안정리가 제대로 되어 있지 않으면 엄마에게 욕을 하며 화를 냈다. 이런 불손한 아들의 태도에 분을 삼키지 못한 엄마도 질세라 욕하며 싸우는 날에는 아들의 주먹이 날아왔다.

다음날 아침 거울에 비친 눈자위에 시퍼렇게 멍이 든 자신의 얼굴을 보며 주체할 수 없는 서러움에 한없이 눈물이 흘러내렸다. 먼저 저세상으로 떠나간 남편이 그립고 원망스러웠다.

"남편 복이 없는 년은 자식 복도 없다더니 내가 그렇구나" 하는 생각에 미치자 미래가 절망적이었다. 더구나 아들의 행동은 '애비 없는 자식이라 그렇다'는 소리를 들을 것이 뻔했다. 아들을 당해 낼 재간이 없다고 여긴 엄마는 아이의 행동을 통제해 주고 잘 가르쳐 줄 아버지 같은 남자의 힘이 필요했다. 궁리 끝에 엄마는 대체로 아이들이 경찰을 무서워하니까 경찰인 고모부가 잘 타이르면 말을 들을 것이라 생각했다. 고모와 의논하여 경찰인 고모부 집으로 아이를 보냈다.

고모는 엄마와 다를 바 없었고, 고모 말에 따른 고모부는 아이를 매로 다스렸다. 3개월을 버티다 아이는 집으로 도망처 나왔다. 더 많은 절망과 분노를 안고 ….

"내가 분을 못 삼켜 엄마에게 욕을 하고 대들었더니 경찰인 고모부 집으로 내쫓았어요. 거기서 또 고모부에게 죽도록 맞았습니다. 그년은(고모를 그렇게 불렀다) 옆에서 맞는 거 구경만 해요. 더 나빠요. 지금 나한테 걸리기만 하면 가만두지 않을 거예요. 그렇게 당했는데 내가 병신입니까? 당하고만 살게."

그래서 고모 집에는 아예 발걸음도 하지 않고 지금까지 두 집이 모일 때도 참석하지 않는다. 엄마가 고모에 대한 마음을 풀어 주려고 애써 보았지만 소용이 없었다. 아들은 자신이 당한 것을 되돌려 줄 뿐이라고 했다. 엄마는 고모부가 아이를 그렇게 때릴 줄 몰랐고 그래서 얼마 지나지 않아 아들을 집으로 데리고 왔다고 했다.

"그것은 너의 행동을 고쳐 주려고 했던 것이지 고의적으로 한 게 아니라고 몇 번이나 말했니", "기억 안 나", "너를 위해 그랬을 뿐이야" 하는 엄마의 변명이 계속 이어질수록 상담가인 나 역시 벽이 앞에 가로막고 있는 답답함이 느껴졌다. 아이의 말은 귀담아 들어주지 않은 채, 자신의 생각을 강요하고 합리화시키려고만 하는 엄마를 대하면서 아들이 왜 그렇게 소리치며 항거하는지, 아들의 심정이 고스란히 느껴졌다.

계속되는 엄마의 변명에 아들은 엄마를 쩨려보며 "그래. 내가 또라이라서 그렇다는 거잖아. 그래서 정신과 약까지 먹이잖아. 나만 잘못됐고 나만 미친놈 됐잖아. 애초에 잘못을 저지른 사람은 반성하지 않고 나만 잘못되었다고 약을 먹이는 것도 모자라 여기까지 끌고 와…. 상담받을 사람은 내가 아니라 당신이야!" 눈물을 글썽이며 가슴을 치면서 고함을 지르며 격노했다.

아들은 악을 쓰고 발버둥치고 있다. 자신을 하찮게 여기지 말라고…. 사람은 수치심이나 굴욕감이 건드려지면 자신도 모르게 격한 분노로 그 감정을 터트린다. 굴욕감이나 수치심의 정체를 인식하지 못한 채 계속 자극만 받는다면 분노는 시간이 지날수록 점점 더 강력해지기 마련이다. 정신분석가 이승욱 박사가 '지하실에 갇힌 늑대'에 비유한 것처럼 내 마음을 자극하는 굴욕감과 수치심은 마음속 깊은 곳에 침잠되어 있을 뿐이다.

그러나 시간이 갈수록 그 에너지는 강력해지고 의식 밖으로 뛰쳐나오려고 발버둥친다. 그래서 이 아이처럼 소리 지르고, 고함치고, 항상 화가 나 있고 작은 일에도 과잉 반응하는 모습을 보이는 것이 특징이다.

"저는 지금 저 여자한테 복수하는 겁니다. 마땅히 자기가 한 만큼 당해야 한다고 생각합니다."

섬뜩함을 느낄 정도로 아들은 서슬이 퍼렜다. 아들은 엄마를 '저 여자'라 했고 '당신'이라고 표현했다. 어릴 때 엄마가 자신을 버린 것처럼 지금 아들은 엄마를 자신의 마음속에서 내팽개치고 있다.

순간 아이의 말에서 차디찬 심연 속에 몸서리칠 정도로 자리 잡은 지독한 외로움과 함께 우울한 정서를 보았다. 먹먹해지는 가슴을 쓸어내리며 나에게 전해지는 느낌을 말했다. "네가 저 여자라고 부를 만큼 엄마를 마음속에서 밀쳐 내고 싶은 모양이구나. 그 정도로 화가 많이 났구나. 그러다 보면 마음에 구멍이 뚫린 것처럼 허하고 찬바람이 불어 그동안 네가 많이 외로웠을 것 같은데 …. 맞니?"

"……."

아이는 상담가의 말에 침묵으로 피해 버린다. 잠시 후에 아이는 여태껏 자신이 엄마에 대해 그렇게 말하면 한결같이 "너 어른한테 말버릇이 왜 그 모양이냐", "애비 없는 자식이라 그렇다는 소리 듣고 싶냐", "힘들게 키워 놓았더니 의리

없는 자식 같으니라고…" 식의 반응에 익숙해져서 자신의 감정을 읽어 주는 반응에는 어색하고 당황스러워서 순간 머리가 정지된 것처럼 무슨 말을 해야 할지 모르겠다고 했다. "그런데 제 마음을 알아주시고, 읽어주시니까 마음이 조금 가라앉는 느낌이 드네요" 한다.

처음 상담실을 들어섰을 때 아이는 몹시 긴장되고 굳은 표정으로 뭔가 분노로 꽉 차 있던 눈빛이었다. 그랬던 아이가 조금 편안한 표정으로 상담가인 나를 마주 보며 살짝 미소를 지어 보였다.

처음으로 편안한 미소를 짓는 아이를 보며 '따뜻하게 격려해 주고 사랑해 주는 엄마가 필요했구나' 하는 생각이 분명해졌다. 어린 아이처럼 환하게 웃는 미소를 보며 며칠 전에 내 손자와 주고받았던 이야기가 떠올랐다.

작년 5월 8일 어버이날 가족들과 외식약속을 위해 수업을 끝내고 부랴부랴 약속장소에 가고 있었다. 신호는 직진을 표시하는 초록색이었고 나는 편안하게 앞을 보며 운전하고 있었다. 그런데 내 옆 1차선에서 달리던 차가 갑자기 내가 앉아 있는 운전석 조금 앞쪽에 꽝 박아 놓고는 서지도 않고 계속 달려갔다. 나는 뺑소니차로 여기고 클랙슨을 빵빵 울리며 속도를 내어 뒤를 쫓아갔다.

내 차에는 블랙박스가 달려 있지 않아 나는 어떻게든 도망가는 차를 잡아야 했다. 나란히 잘 가던 차가 갑자기 핸들을 꺾어 왜 나를 덮쳤는지, 전혀 알 수가 없는 가운데 나는 화가 났고 심장이 쿵쾅 쿵쾅 뛰었다.

그런데 100m쯤에서 앞을 달려가는 외제차 앞을 가로막고 그 차가 정지하는 모습을 보고 놀란 가슴이 진정되었다. 한 젊은 여성이 나에게 다가오며 먼저 "다친 데 없습니까? 놀라셨죠. 저 차가 갑자기 골목에서 튀어나오는 바람에 받치면 외제차라 일부러 어르신 차를 박았습니다. 죄송합니다" 한다. 나는 그 말에 어이가 없었다. 사람이 다칠지도 모르는데 비싸게 물어야 하는 외제차 값이 아까워 의도적으로 옆에 있는 국산차를 박았다는 것이다.

나를 박은 차와 외제차 간에 주장이 엇갈려 우리는 모두 경찰서로 갔다. 사고의 원인제공자인 외제차 차주 역시 여성이었다. 자신이 사고를 유발한 사람임에도 불구하고 사과의 말 한마디 없이 오히려 자기주장만 내세우며 고래고래 소리를 지르자 옆에 있던 내 며느리가 한마디 거들고 나섰다. "어른한테 미안하다고 사과를 해야지 누구 때문에 여기까지 왔는데 왜 소리는 지릅니까?" 하는 말에 "당신은 제3자가 왜 끼워들고 야단이야" 하고 소리를 지르자 놀란 손자 녀석이 부르르 떨며 "우리 엄마한테 그러지 마요. 나쁜 사람이에요" 하며 울음을 터트렸다. 며느리는 손자를 데리고 밖으로 나갔고, 경찰이 주변을 수습하고 사건조사를 했다.

마침 외제차에 블랙박스가 달려있었다. 사건전말이 밝혀져 외제차가 내 차를 전부 수리해 주어야 했고 내 차를 박은 차의 수리는 반반씩 부담하는 것으로 각각의 보험회사에게 일이 넘어갔다. 돌아오는 차 안에서 경찰서에서 다하지 못했던 사건 후에 대응하는 사람들의 태도에 대해 이야기를 하기 시작하였다. 아들과 며느리 그리고 나와 세 사람이 흥분하여 오가는 목청 높은 소리에 손자는 놀랐는지 또 울음을 터트렸다.

"하지 마."

"우리 손자 놀랐구나, 어른들이 소리 높여 말하면 무섭구나."

"응, 무서워."

"할머니 차사고 난 거 알지, 그래서 할머니도 무섭고 놀래서 아빠한테 얘기하는 거야. 놀라고 무서우면 너 울지."

"응."

"그것처럼 할머니도 놀라고 무서워서 말하는 거야. 이렇게 자신이 느낀 감정을 표현해야 해, 목소리가 높았지만…."

나는 감정표현에 대해 이야기하기 시작했다. 아이가 친구들과 엄마, 아빠와의 관계에서 경험했을 것 같은 경우를 예로 들면서, 여섯 살 아이가 알아들을 수 있도록 쉽게 이야기하려고 애썼다. 눈에 눈물방울이 맺힌 채 금방 환한 얼굴표정을 지으며 "으~엉 그렇구나" 하며 고개를 끄덕인다.

손자는 나에게 질문을 했다.

"할머니 그러면 무섭고 슬플 때 말하고 울어도 돼?"

"응, 그래. 울어도 돼. 울기만 하지 말고 무섭다고, 슬프다고 말하면서 울어. 그러면 엄마, 아빠나 친구들이 네가 왜 우는지 알 수 있잖아."

"그래, 맞아, 할머니. 친구가 울 때 이상했어."

아이는 친구가 울 때 왜 우는지 몰라 난감하고 어떻게 도와주어야 하는지를 몰라서 당황스러웠다는 표현을 '이상했다'는 말 한마디로 함축했다. 앞자리에서 뒤돌아보는 나에게 손자는 환한 미소를 띠며 뭔가 큰 것을 얻은 즐거움과 고마움을 뽀뽀로 답하며 나를 안는다. 손자와 할머니 사이에 오가는 대화를 가만히 듣고 있던 아들이 "아! 자기표현 하는 방식을 이렇게 가르치면 되겠구나. 나는 좀더 크면 가르쳐야지 했는데, 다 알아듣네! 우리는 울지 마, 괜찮아, 안 아파하고 우는 것을 막았는데 감정을 얘기할 수 있도록 해 줘야겠네. 그래야 자신의 감정이 무엇인지 알게 되고 표현할 수 있게 되겠네" 말하며 가벼운 웃음을 지어 보였다. 상담과정에서도 마찬가지다. 내담자들이 자신의 존재가 사람들에게 인정받지 못하고 거부당하고 있는 것 때문에 많은 고통을 앓고 그로 인해 사람들과 좋은 관계를 맺지 못하는 모습을 자주 목격한다. 우리나라 사람들은 대체로 자기표현에 미숙하다.

특히 부모는 자식이 힘들어하는 표정을 보고 싶어 하지 않는다. 자식을 걱정하는 마음이 앞서다 보니 외면해 버리거나, 부정해 버린다. 그러면 아이 스스로 자신의 현 상태를 인식하고 이해해 나가지 못하고 결국 문제를 스스로 해결해 나갈 수 있는 문제해결의 능력을 키울 수 없게 된다.

그 훈련은 갓 낳았을 때부터 시작하여야 한다. 아니 태중에서부터 엄마와 함께 희로애락을 함께 나누며 정서적으로 소통하는 것이 더 좋다. "엄마가 지금 ~해서 기분이 우울해. 너도 기분이 안 좋을 것 같아. 어떻게 하면 이 우울한 기분에서 벗어날 수 있는지 엄마가 생각해 볼게 조금만 기다려 줘."

이처럼 태중의 아이뿐만 아니라 힘들어하는 아이의 감정을 읽어 주고 격려해 주어야 한다. 예를 들어 뭔가 불편해서 울면, 대부분의 부모가 제일 먼저 하는 말은 "아이구 울지 마, 우리 애기 괜찮아, 엄마가 금방 편안하게 해 줄게" 혹은 "좀 참을 줄도 알아야지. 사내새끼가 그렇게 자주 울면 안 되지" 한다. 말을 할 줄 모르는 아이라 할지라도 아이들은 상대의 표정이나 자신의 오감을 통해서 뭔가 금지되고 거부되고 있다는 느낌 때문에 더 울고 억지를 부린다. 이런 식으로 계속되다 보면 자신이 느끼는 감정과 생각은 나쁘고 잘못된 것으로 내면화하여 자신을 있는 그대로 드러내지 않으려고 한다.

반면에 상담가의 반응은 다르다. 울음소리 속에 담겨 있는 감정을 읽어내고 그것을 언어로 표현하게 만든다. 자신의 마음속에 무엇이 일어나고 있는지를 지속적으로 반복해서 훈련시킨다.

좀 전에 예를 다르게 말해 보면 "우리 아들(혹은 딸) 울음소리를 들어보니 화가 많이 났나 보네. 엄마가 부엌에서 일하느라 너 기저귀 갈아주는 것을 깜박했네 …. 축축한 것을 참아내느라 힘들었지. 아이구 그래서!" 이렇게 아이의 감정, 생각, 행동을 있는 그대로 격려해 주고 반영해 주는 방식을 반복하다 보면 아이는 자신을 인식하고 이해하는 길로 들어설 뿐 아니라 타인을 잘 이해하고 배려할 수 있게 된다.

그럼에도 부모는 아이가 왜 힘들고 불편해하는지 모르고 감정을 읽어주거나 수용하지 못한다. "너 왜 그래?", "무슨 일 있었니?", "친구와 싸웠니?", "학교에서 또 사고 쳤냐? 왜 그래?" 하고 취조하듯이 비난한다. 그런 불행의 징조를 보이는 표정은 짓지 말라고 한다. 자식이 항상 웃으며 행복해하는 모습만 보고 싶은 것이 부모의 마음이라 여긴다.

사람은 있는 그대로의 자기모습을 표현하지 못하면 자신이 어떤 사람인지, 자신이 무엇을 원하는지, 지금 왜 이런 행동을 하는지를 알지 못한다. 뿐만 아니라 타인을 인식하고 이해하는 능력도 부족할 수밖에 없다.

나 역시 학창시절에는 내 속내를 드러내는 기술이 부족한 편이었다. 내가 태어나서 대학 들어가기 전까지 자란 부산지역의 무뚝뚝하고 투박한 기질적인 영향도 있었겠지만, 강한 성향을 지닌 엄마는 말대답하는 것을 싫어했다. 어른의 말에 또박또박 토를 다는 것은 버릇없는 짓이라고 했다. 자기주장을 내세우지 못하는 것은 나를 혼란스럽고 우울하게 만들었고, 때로는 화가 났다. 우울하고 혼란스러웠던 감정을 이해하고 말로 설명하기에는 어린 나이였다. 혼란과 우울의 기운을 제대로 처리하지 못한 채 내 몸 깊은 곳 어딘가에 저장해 버렸다.

성인이 되어 이 분야에 몸을 담고 자기분석을 받으면서 웅크리고 소극적이었던 나의 어린 시절의 모습 속에서 우울하고 무기력감에 젖어 있었던 나를 보았다. 우울하고 무기력감에서 벗어나기 위해 소설책에 파묻혀 청소년 시절을 보냈던 나와 지금 내 앞에 앉아 있는 청소년기에 있는 내담자와 동일시하여 과도한 친절을 베풀지 않으려고 애썼다.

기억을
잇고 싶은
엄마

아들의 말에 어이없고 화가 난다고 했다. 복수할 만큼 때
린 적도 없고, 보통 엄마들이 자식들에게 야단치는 것처럼
말을 안 들으니까 화가 나서 욕을 했을 뿐이라고 한다. 게다
가 답답한 것은 자신의 기억에는 아들이 말하는 것처럼 심하
게 했던 적이 없으며 아들이 과장되게 지어내는 것이 아닌가
싶다고 했다.

아들에게 욕먹고 폭행을 당할 만큼 형편없는 엄마로 취급
당하니 죽고 싶을 만큼 억울해서 살맛이 안 난다며 그동안
참았던 서러움을 토해내듯이 서럽게 운다. 그 모습은 마치
배고픔과 추위에 떨고 있는 어미 잃은 새끼 새처럼 자신이
가야할 길을 잃어버린 어린아이가 무서움에 떨고 있는 것 같

았다.

눈물을 흘리는 엄마의 모습에도 조금의 동요도 보이지 않는 아들은 냉정하고 싸늘했다.

"기억이 안 난다고 하면 모든 죄가 없어지냐. 너무 굴욕적이었고, 수치스러웠던 장면들이 생생하게 내 마음속에 각인되어 있는데 그런 무책임한 말 하지 마. 미안했다는 말 한마디만 하면 되는데 끝까지 아니라고 하니 누가 거짓말을 하는지 가려보자!"

아들은 잠시 가라앉았던 화가 다시 치미는지, 마치 상처입은 황소의 울부짖음같이 얼굴에 핏대를 세우고 무서운 목소리로 소리를 질러댄다.

아들과 엄마는 서로 엇갈린 과거에 대한 기억의 창고에 갇혀 허우적거리고 있었다. 그동안 두 사람 사이에 무슨 일이 있었는지 재정리하고 있는 그대로의 모습을 인식시켜 줄 필요가 있었다.

엄마는 갑자기 떠난 남편의 빈자리까지 대신 살아내느라 넋을 놓을 수가 없었다. 새벽부터 잠자리에 들기까지 숨이 턱에 찰 만큼 힘겨운 일상을 치러야 했다.

혼자 잠든 세 살배기 아들을 집에 홀로 두고 새벽에 우유 배달을 나갔고, 아이가 잠에서 깰 때쯤 집에 돌아와 서둘러 아이를 어린이집에 오후 4시까지 맡겨 두고 임신 6개월의 무거운 몸을 이끌고 다시 일터로 나가야 했다.

엄마는 남편이 남기고 간 아들과 뱃속의 아이를 잘 키우고 싶었고, 그리고 남편의 흔적이 담긴 집을 지켜내야 했다. 한 치의 여유를 둘 겨를 없이 악착같이 살았다. 숨이 막힐 만큼 하루하루가 바쁘고 힘들었다. 그런 와중에 작은아들이 태어났고, 아이들은 무탈하게 자라고 있다고 철석같이 믿었다. 게다가 엄마 말에 복종했고 착했다. 아이들이 학교에 들어가고 열심히 산 덕에 점점 먹고사는 데는 걱정이 없었다.

아들은 영리하고 똑똑하기까지 했다. 이웃 아줌마들의 부러움을 살 만큼 엄마의 큰 자랑거리였다. 점점 살림도 나아지고 똑똑하고 영리함을 나타내는 아들 덕분에 엄마의 미래가 밝아 보였다.

그런 아들이 사춘기에 들어서면서 변하기 시작했다. 엄마가 야단치면 더 큰 소리로 반항했고, 참지 못한 엄마의 손이 올라가면 아들은 잽싸게 엄마의 손목을 잡아 낚아챘다. 이제는 아들을 당해 낼 재간이 없었다. 자식들을 위해 살아온 세

기억을 잊고 싶은 엄마

월이 억울했다. 어찌할 바를 모르는 분노와 자책에 앓으며
조용한 몸부림을 쳤다.

아들은 엄마의 실수를 용납하지 않았고, 소리 지르고 욕하
고 야단쳤다. 운전하다가 길을 잘못 들면 '바보같이 그것도 모
르냐'며 뒤에서 엄마의 머리를 쥐어박고 소리를 질렀다. 그것
은 엄마에 대한 앙갚음이었다.

엄마는 가슴을 치며 울분을 토하는 아들에게 너무나 차분
하게 '기억에 없다'라는 말로 모든 책임을 아들의 탓으로 돌렸
다. 아들을 거절하는 엄마의 차가움을 녹이는 것이 우선이라
생각했다.

마주 앉은 엄마는 체념한 듯 아무 말도 없었다. 그러고는
혼잣말처럼 이야기를 시작했다.

"늘 이런 식이에요. 요즈음에 와서는 엄마라는 말을 들어
본 적도 없는 것 같아요. 아들의 버릇없는 태도를 고쳐 보려
는 마음에 야단을 치면 더 펄펄 뛰면서, 욕을 하고 엄마를 마
구 때리니…. 이러다 큰일이 벌어질 수도 있겠다 싶어 정신
과에 데려가 충동 조절하는 약을 먹이고 있어요. 난들 자식
에게 이러고 싶겠습니까?" 라며 눈물을 글썽였다.

집에서의 아들의 모습은 점점 엉망으로 망가져 가는데 자

신이 아무리 도와주려 해도 아들이 받아들이지 않으니 차라리 어디 가서 죽어버리고 싶다고 했다. 그러면서 지금까지 살아온 삶의 실타래를 풀어내기 시작했다.

남편 잃은 절망에
아들을 삼켜 버린
엄마

    아들이 5살 되던 어느 겨울날, 남편이 퇴근길에 건널목을 건너다 덤프트럭에 치여 그 자리에서 즉사했다. 눈길에 미끄러진 덤프트럭은 제동을 걸지 못하고 그를 덮쳐 버리고 말았다. 남편은 전혀 예상하지 못한 찰나에 이 세상을 떠나 버렸다.

    모태 신앙을 가지고 있는 엄마는 남편과 이별의 시간도 허락해 주지 않은 하느님의 가혹한 처사에 원망했다. 하늘이 무너져 내리는 것 같은 절망감에 아들을 부둥켜 안고 오열했다. 그녀의 뱃속에는 6개월 된 둘째가 자라고 있었다.

    갑자기 찾아온 불행에 넋이 나간 그녀는 아무것도 할 수 없었다. 잠도 잘 수 없었고, 밥도 먹을 수 없었다. 손끝도 까딱할 수 없을 정도로 몸에 힘이 다 빠져 나간 것 같았다. 남편을 따라 죽고 싶은 생각밖에 없었다. 그런데 가끔씩 뱃속에서 꿈틀대는 아이와 뭔가 이상한 낌새를 느꼈는지 엄마의 치맛자락만 붙잡고 떨어지지 않으려는 아들이 그녀의 발목을 잡았다.

친정엄마와 친척들도 뱃속에 아이와 아들 생각해서 빨리 몸 추스르고 털고 일어나라고 재촉했다. 죽은 사람은 죽은 사람이고 산 사람은 살아야 하지 않겠느냐고 ….

그러면서 일주일 동안 그녀 곁에 머물고 있었던 친정엄마와 친척들도 시골집으로 다 내려갔다. "무슨 일 있으면 연락해라. 그때 또 오마"라는 말만 남기고 친정엄마는 홀연히 가 버렸다. 어릴 때부터 엄마에게 따뜻한 손길 한 번 받아 보지 못했던 서운함과 원망스러웠던 감정이 마음 밑바닥에서 다시 치솟는 것 같았다.

"내 마음을 추스를 때까지 곁에 있으면서 도와달라는 부탁을 왜 하지 못했습니까?"하고 물었다.

"우리 엄마는 항상 그랬던 것 같아요. 내가 힘들 때마다 곁에 없었고, 늘 돈 벌러 밖에 나가 있었어요. 집에 돌아와도 남동생만 챙기고 그애만 눈에 들어왔지 나는 안중에도 없었어요"라고 말하는 그녀의 눈에 눈물이 주르륵 흘러내렸다.

그녀는 깊은 상처가 담겨 있는 어린 시절로 조심스럽게 여행을 떠났다.

　　엄마와 할머니는 입버릇처럼 입에 욕을 달고 살았다. 할머니 역시 남동생인 손자만 애지중지하였고 손녀는 안중에도 없었다. 심부름을 제대로 못하면 '귓구멍을 어디에 달고 다니느냐', '저런 썩을 년', '아무짝에도 쓸모없는 년' 등의 끔찍한 욕이 꼬리표처럼 따라다녔다. 딸은 쓸모가 없는 못난 자식이었고, 구박덩어리였다. 특히 할머니에게 하루가 멀다 하고 머리를 쥐어 박히고 등짝을 맞았다.

　　일을 마치고 지친 몸으로 저녁 늦게 돌아와 먼저 남동생에게 시선을 돌리는 엄마에게 그녀가 한나절 동안 겪었던 불공평하고 억울했던 속사정을 털어놓을 수가 없었다. 어린 그녀의 마음속에는 쓸쓸하고 차가운 바람이 불었다. 그리고 이 세상에 혼자 버려진 느낌이었다.

　　그녀는 엄마와 할머니의 울분을 받아내는 쓰레기통이었다. 그럴 때마다 그녀는 자신의 모습이 볼품없고 쓸모없는 존재로 여겨져 위축되고 늘 주눅 들어 있었다. 그녀의 어린 시절은 굴욕적이고 수치심에 사로잡혀 있는 우울한 나날이

남편 잃은 절망에 아들을 삼켜 버린 엄마

었다.

 차가운 칼바람을 맞으며 떨고 있는 그녀에게 남편은 따뜻한 안식처였다. 성실하고 자상한 남편은 그녀의 수치스럽고 굴욕적인 어린 시절의 경험을 따뜻하게 감싸주었고 사랑스런 여인으로 인정해 주었다. 게다가 가정에 성실하고 자식 사랑도 모자람이 없었다. 세상에 태어나서 처음으로 보살핌을 받는다는 느낌이 들었고 행복했다. 맞벌이로 결혼 후 4년 만에 아주 작은 평수지만 집도 장만하였다. 하루하루가 감사하고 행복감에 젖어 더 이상 욕심부리고 싶지 않았다.
 남편에 관한 기억의 일부를 떠올리며 이야기하는 것만으로도 분노에 휩싸여 요동치는 심장을 아련하게 가라앉는지 그녀의 표정이 사뭇 편안해 보였다.
 그녀의 존재를 일깨워 준 사랑은 5년 만에 끝나버렸다. 어느 날 갑자기 찾아온 남편의 죽음은 그녀의 존재를 뒤흔들었다. 삶의 터전을 남긴 없이 쓸어 가 버리고 참혹한 흔적만 남긴 지진이나 다름없었다.
 병으로 얻는 것이든, 사고로 인한 것이든 사랑하는 사람의 죽음은 한 존재를 나락으로 떨어뜨리는 가장 커다란 사건이었다. 그녀는 하늘이 무너져 내리는 것 같은 절망의 늪에서 허우적거렸다. 특히 그녀에게 남편은 사람 냄새를 물씬 풍기는 생전 처음 느껴 본 훈훈함과 따뜻함이었다.

그 따스함을 잃어버린 슬픔과 절망감 때문에 그녀 역시 엄마와 할머니처럼 했다는 것을 인식하지 못하고 있었다.

"부인의 엄마 역시 자식들이 어린 나이일 때 남편을 먼저 떠나보냈다고 했습니다. 시어머니를 모시고 홀로 어린 자식들을 먹여 살리고 가르쳐야 한다는 압박감, 홀로 남겨진 상실감과 절망감은 부인과 별 다르지 않을 것 같습니다."

"아! 우리 엄마도 그랬을 것 같네요."

그녀는 잃어버린 사랑에 대한 슬픔을 애도할 겨를도 없이 죽지 못해 목숨을 이어가는 삶을 살아내야 했다. 남편이 떠나간 후에 생활은 그야말로 전쟁터였다. 무거운 몸을 이끌고 새벽에 일어나 출근 준비하랴, 아들 아침 먹이고 어린이집 보내랴, 쓰레기 분리수거 하랴…. 모든 일을 혼자 도맡아 하느라 눈코 뜰 새가 없을 정도로 숨 가쁜 나날이었다.

숨이 턱에 닿을 정도로 바쁜데 아들이 늑장을 부리거나 실수를 하면 봐줄 수가 없었다. 악을 쓰고 소리를 질렀다. 아들의 작은 실수도 그냥 넘기질 못했다.

남편 잃은 절망에 아들을 삼켜 버린 엄마

"애비 없는 아이라 저렇다는 소리를 듣게 될까 늘 걱정했고, 남편 없이도 잘 키웠다는 소릴 듣고 싶었습니다. 그래서 야단 많이 쳤어요"라고 말하는 그녀에게 아들에게 어떻게 야단을 쳤는지, 악을 쓸 때 어떻게 무슨 말을 했는지에 대해 상세히 살펴보게 했다.

"부인은 어릴 때 엄마의 무관심, 거부, 소외 그리고 할머니의 심한 욕설과 비난 때문에 죽고 싶을 만큼 힘들었다고 했는데, 엄마와 할머니가 했던 것처럼 지금 당신이 아들에게 하고 있네요."

정신이 번쩍 드는 눈빛으로 나를 쳐다보며 긴 한숨을 내쉰다.

"전라도에서는 그냥 말끝마다 욕을 붙여요. 별 악의는 없다고 생각했어요."

어린 시절에 경험했던 관계의 방식과 삶의 방식들이 연장선상에 연결되어 현재 관계에 영향을 미치고 있음을 일깨워 주어야 했다.

"그런데 조금 전에 부인은 어머니와 할머니가 '쓸모없는 년' 하며 등짝을 때렸을 때 자신이 못났고 쓸모없고 버림받은 느낌이 들어 죽고 싶을 만큼 힘들었다고 말한 것으로 기억됩니다."

  잠시의 침묵 끝에 그녀는 그동안 온몸과 마음 구석구석에 숨겨두었던 감정이 밀려 올라오는지 금방이라도 쏟을 듯 눈물을 글썽였다.

  "그러네요! 정말 까맣게 잊고 있었습니다. 엄마의 냉담함, 할머니의 갖은 욕설…. 머리를 쥐어박고 등짝을 때리는 소리가 들리는 것 같네요. 길거리에 돌처럼 이리저리 차이고 아무렇게나 취급당했던 나를 기억하고 싶지 않았어요. 그러고 보니 내가 아들에게 할머니처럼, 엄마가 나한테 했던 것처럼 욕하고 때리고 악을 쓰고 있었네요."

  애도의 대상이 항상 보이지 않는 모습으로 그녀의 몸에 대롱대롱 매달려 과거 어린 시절에 맺힌 상실의 공간 속으로 깊이 부착되었을 것이다.

  따뜻하고 안락한 안식처가 사라지자 그녀의 마음속 깊은 곳에 새겨진 상처가 드러났다. 사람들이 볼품없는 가여운 여자로 볼까 전전긍긍했고, 아들이 애비 없는 자식으로 취급당할까 불안에 떨었다. 사사건건 아들의 행동을 강압적으로 간섭하고 통제하며 자신의 삶을 증오했다.

  "남자가 그렇게 질질 짜면 어디다 써먹겠니", "형이 되어서

동생을 잘 돌보아 주어야지", "너희 아버지는 따뜻하고 자상한 남자였어, 넌 왜 그렇게 매몰차니."

그녀는 자신의 불안감을 떨쳐 내기 위해 예전에 엄마와 할머니가 했던 것처럼 똑같이 아들에게 갖은 욕설을 퍼붓고, 거부하고 있었다.

그녀는 오랫동안 떠나 있었던 옛날 집에 다녀온 듯 아련한 표정으로 나를 쳐다보았다. 이제 세션을 마쳐야 할 시간이었다. 이 여운을 다음 세션에서 그대로 이어가길 바라면서, "옛날 성장했던 집을 오랜만에 다녀오셨군요. 다녀오신 소감이 어떠세요?" 하고 물었더니 마음이 한결 편안해졌고 아들에게 "아무것도 생각 안 난다"고 말했던 것이 미안하다고 했다.

"다음 시간에는 그곳에서 겪었던 일과 생각, 감정이 지금 아들과의 관계에서 어떤 영향을 주고 있는지 한번 생각해 보고 이 이야기를 계속해 보면 어떨까 싶은데 동의하시겠습니까?"

그녀는 처음 상담실 문을 열고 들어올 때보다 한결 가벼워 보이는 표정으로 나갔다.

사람은 어린 시절 부모와의 관계를 통해서 살아가는 방식을 배운다. 그것을 '대처 방식'이라고도 하고 '인생 각본'이라고도 한다. 즉, 문제해결 방식을 부모의 반응방식을 통해서 학습하게 되는 것을 말한다. 가령 엄마가 화날 때 큰 소리로 아이를 혼내고 때린다면, 아이는 '아! 화가 날 때는 큰 소리를 내고 때려야 하나 보다' 하고 이해하게 된다. 그리고 자신을 못난 사람으로 여기게 된다.

엄마와 할머니의 사랑을 독차지했던 남동생에 대한 증오감, 혼자 죽어라고 열심히 집안일을 도맡아 했지만 엄마의 무관심, 할머니의 비난 섞인 불만만 돌아왔다. 그런 그녀에게 남편의 따뜻한 보살핌은 그지없는 피난처였을 것이다.

이 세상에 혼자 버려진 느낌 때문에 무서웠고, 앞으로 태어날 아이와 아들을 데리고 앞으로 살아갈 날이 까마득하고 아득했다.

떠나간 남편의 자리는 아무것도 없는 사막 같았다. 구원의 손길이 미치지 못하는 적막한 사막에 홀로 버려진 느낌이었을 것이다.

어릴 때 아버지를 일찍 여읜 그녀에게 남편은 난생 처음으로 느껴 본 따뜻함이었다. 그녀의 어머니는 고만고만한 어린

남편 잃은 절망에 아들을 삼켜 버린 엄마

자식들을 먹여 살리기 위해 시어머니에게 아이들을 맡기고 장사하러 다니느라 정신이 없었다.

우리는 자신이 어릴 때 받지 못했던 심리적 결핍들을 배우자를 통해서, 또 자식을 통해서 보상받고 싶은 욕망을 가지고 있다. 엄마의 따뜻한 보살핌이 부족했던 사람은 다정다감하고 친절한 사람을 보면 다른 점은 눈에 들어오지 않기 때문에 자석에 끌린 듯 그 사람에게 매달린다. 나무에서 감이 떨어지기만을 기다리듯이 상대가 주는 사랑에 매달려 받기만을 요구한다.

부모와의 따뜻한 정서적 경험이 없었던 사람들은 사랑을 어떻게 나누어야 하는지 그 방법을 모른다. 이 사례의 부인 역시 양육자인 엄마와 할머니로부터 안정적이고 튼튼한 애착관계를 형성하지 못했다. 사랑의 배고픔에 젖어 있는 엄마는 자신의 감정에 빠져 있느라 아버지 잃은 자식들의 힘든 마음을 헤아릴 수 없었다. 공감 능력이 부족해서 아이들에게 공감할 심리적 에너지가 없었을 것이다. 오로지 자식들이 다른 사람에게 욕먹지 않고 반듯하게 커 주었으면 좋겠다는 바람과 아들이 흐트러짐 없는 행동을 해주기를 바랐다. 그래서 엄마와 할머니가 했던 그대로 늘 지시하고 간섭하고 비난하고 격할 때는 심하게 때리고 온갖 욕설로 경멸했던 것이다. 사람은 자신도 모르게 보고 경험한 대로 행하기 마련이다. 그녀는 아들의 힘든 마음을 헤아리거나 위로하기는커녕, 자신의 불안한 마음을 푸는 데 아들을 희생양으로 삼았다. 잔소리와 욕설, 심할 때는 매로 다스리는 감정반응으로 풀어 나가려고 했다.

이 과정에서 아들은 자신의 존재를 부정하는 수치심에 감당할 수 없는 분노와 좌절을 내재화하고 이것이 타인과의 친밀한 정서적 관계 맺기에 어려움을 만들어 현재 관계에서 재현되었던 것이다.

남편 잃은 절망에 아들을 삼켜 버린 엄마

두 얼굴을
가진 아들

　아들은 '지킬 박사와 하이드'처럼 전혀 다른 두 얼굴의 모습을 가지고 있었다.

　엄마와 고모 그리고 고모부 외의 다른 사람들에게는 너무나 예의 바르고 영리한 남자아이이다. 특히 학교에서는 그야말로 환영받는 바른 생활 학생이다. 선생님이나 반 친구들은 똑똑하고 매사에 적극적이고 재미있는 아이로 여기고 있다.

　똑똑하고 영리하다는 말은 어릴 때부터 학원에서 학교에서 늘 들어왔던 얘기라 수긍이 가고 또 힘든 생활 속에서 그나마 공부를 잘해 주는 아들이 고맙고 다행이다 싶었다. 그런데 다른 사람들에게는 친절하고 호의적인 태도를 보이는 아이가 유독 엄마의 말은 묵살하고 경멸했다.

아들은 오직 자신의 존재를 인정해 주고 환영해 주는 사람은 친구들이고 담임선생님이라고 했다. 그래서 학교생활이 즐겁고 행복하다고 한다. 행복은 집 현관에 들어서면서 끝이 난다고 했다.

초등학교에서 고등학교 2학년이 될 때까지 공부는 전교에서 5등 밖을 나가본 적이 없을 정도로 성적이 뛰어났다. 게다가 창의성이 뛰어나고 학생회장에 출마할 정도로 리더십도 출중했다.

아이는 자기를 가만히 내버려 두면 아무 문제가 없다고 했다. 공부하는 것이 즐겁고 친구들과 어울려서 웃고 떠들고 놀 때는 자신의 자리에 있는 것 같은 느낌이 들어 행복하다고 했다.

그러나 학교를 떠나 집으로 돌아오면 매사가 짜증스럽고 숨이 막힐 것처럼 답답하다고 했다. "내가 조절할 수 없는 무슨 일이 일어나고 있다는 느낌을 갖게 돼요"라고 말하는 아이에게 "네가 방과 후에 왜 그렇게 느끼는지 좀더 구체적으로 얘기해 볼 수 있겠니?" 하고 물었다.

아버지 없이 엄마 혼자 가정을 꾸려나가는 것이 걱정스럽고 위태로워 보여 압박감을 느낀다고 했다. 엄마는 열심히 일은 하지만 재테크에 능숙하지 못해 집안 형편이 늘 제자리이고 "돈 없다"는 말을 입에 달고 사는 것을 보면 울화가 치밀었다.

몇 년 전에 수입 한도 내에서 은행대출을 내어 조금 큰 평수로 집을 옮겨 보면 어떻겠느냐고 말해 보았지만, 엄마는 아버지와 함께한 추억이 담겨 있는 집이라 절대 움직일 수 없다고 해서 어처구니가 없었다. '그럼 돈 없다는 소리를 하지를 말던지….'

아이는 아버지의 부재에 대한 불안과 증오를 자신이 잘할 수 있고 뛰어난 점에 투자하여 보상받으려 애썼고 승화시킬 수 있었다. 그런데 남성성을 일깨워 주고 자기 존재감을 인정하고 존중해 주는 아버지가 부재했다.

엄마는 아빠 잃은 슬픔에 젖어 우울감에 빠졌고 아이들을 따뜻하게 돌보지 못했다. 엄마는 퇴근해서 집에 돌아오면 피곤하다는 말만 할 뿐 입을 꼭 다문 채 아이들과 말을 섞지 않았다. 집안 분위기는 늘 무겁고 처져 있었다. 그래서 아들에게 집은 잠자고 밥 먹는 것 외에는 아무 의미가 없었고 자신과는 상관없는 곳처럼 느껴졌다.

아빠 없는 세상이 무섭고 서럽기는 마찬가지인데 자기만

힘들다고 소리 지르는 엄마가 밉고 이기적이라 여겨졌다. 아들은 커 갈수록 아빠의 자리가 절실했고 그 서러움이 컸다.

그럴수록 많은 양의 독서를 통해서 자기를 찾기 위한 삶의 여행을 열심히 했다. 시, 소설, 역사, 철학, 심리학까지 많은 분야의 책을 섭렵하고 있었다. 또래에 비해 지적 수준이 높았고 다방면에 박식했다.

뿐만 아니라 내적 탐색을 위한 이해력도 남달라 보였다. 학교 공부도 빠지지 않고 밤낮없이 열심히 했다. 반 친구들이 학습에 모르는 문제가 있거나 개인적인 문제가 있으면 상의하고 도와 달라는 요청을 하면 기꺼이 해주었다. 그곳에서는 환영받는 느낌이 있어 자신감이 넘쳤다. 그 자신감은 아픔과 참혹함 속에서 살아남기 위한 몸부림이었을 것이다.

자신을 존중할 틈도 주지 않는 경멸적인 엄마의 양육태도로 인해 아이는 안전감을 잃어버렸고 늘 피해의식 속에 사로잡혀 있었다.

"상대방이 너를 환영하고 다가오면 기꺼이 응하는데, 너를 비난하거나 환영해 주지 않으면 적절하게 대응하지 못하고 욕하거나 때리고 있네, 어릴 때 엄마가 너한테 한 것처럼…. 그 점에 대해 어떻게 생각하니?" 하고 물었다.

"누가 나를 비난하면 분노가 치밀어 올라 참을 수 없는 것 같아요. 그 비난은 나를 거부하는 것으로 여겨지거든요" 한다.

엄마는 화가 나면 "말 안 들으면 나도 아빠 따라 죽을 거야", "그렇게 싸울 거면 엄마 없이 너희들끼리 잘 살아봐라"는 말을 입버릇처럼 했다.

아이는 다른 사람들 사이에서는 똑똑하고 적극적인 아이였으나 엄마 앞에서는 한없이 못났고 늘 부족하고 거추장스런 존재로 여겨졌다.

작은 실수도 엄마는 그냥 넘어가는 법이 없었다. 짜증스런 목소리로 화를 내고 욕했으며 어떨 때는 집 밖으로 내쫓기까지 했다. 그래서 엄마가 자신을 싫어하고 미워한다고 여겼고, 엄마도 어느 날 아빠처럼 자기들만 두고 훌쩍 떠나가 버릴지도 모른다는 불안에 시달려야 했다.

냉담하고 헤아릴 길이 없는 우울한 분위기에 휩싸인 엄마 앞에서 속수무책이던 어린 시절의 삶, 받아들여지는 것이 거부된 삶, 버림받을지도 모른다는 고통에 분노하고 절망하면서 엄마라는 거대한 힘에 저항하며 아들은 분노를 선택했다.

그 불안을 삼키기 위해 아들은 엄마에게 악을 쓰고 욕을 퍼부은 것이다. 친정엄마와 할머니가 그녀에게 했던 비난과

경멸을 지금 엄마는 아들에게, 아들은 이것을 다시 더 강도
높게 엄마에게 되돌려 주고 있었다는 것을 인식하지 못하고
서로를 헐뜯고 생채기를 내고 있었다.

관계에
공감적 공간
만들기

　이 사례에서 부인이 나타내는 우울증상을 다루기보다는 과거의 관계에서 경험했던 심리적 상처들이 여전히 현재 관계와 연결되어 있음을 충분히 인식하고, 이를 이해하는 방식을 보여주려고 하였다. 현재 아들에게서 나타나는 문제행동과 증상은 제거해야 할 대상이 아니라 그 인간을 이해할 수 있는 통로인 것이다.

　부인은 14번의 심리상담을 통해서 안정을 되찾았고 다음 세션 때는 편안한 미소를 지으며 상담실에 들어섰다.

　"표정이 밝아 보이네요. 무슨 일이 있었습니까?" 하고 물었더니, 부인이 소리 내어 웃으며 이야기하기 시작했다. 며칠 전 마트를 가던 중에 어떤 젊은 부인이 갓난아이는 등에 업고 서너 살 되어 보이는 아들은 엄마 손을 잡고 종종걸음으로 열심히 걷고 있었다. "좀 빨리 걸어. 엄마 바쁘단 소리 못 들었냐. 왜 그렇게 느려 터졌어"라고 소리치고 야단치는 그 젊은 엄마의 모습에서 자신의 젊었을 때 모습을 보는 것 같아서 마음이 아프고 가슴이 먹먹해 한참 동안이나 그 자리를 떠나지 못했다고 했다. 그 젊은 엄마를 붙들고 얘기해 주고 싶었다고 했다.

"당신의 비난이 나중에 부메랑이 되어 엄청난 고통으로 되돌아오니 그러지 말라"는 당부를 해주고 싶은 마음이 굴뚝같았는데 차마 용기가 나지 않아 그냥 지나쳤지만 그 젊은 부인의 앞날이 걱정되었다고 한다. 그 장면을 보면서 자신의 모습이 주마등처럼 지나가며 탄식과 함께 아들에게 미안한 마음이 물밀 듯이 올라왔다고 한다. "그래. 내가 아들에게 저랬구나!"

그날 밤 엄마는 큰 용기를 내어 아들이 자고 있는 방으로 들어갔다. 곤하게 자는 아들 옆에 꿇어 앉아 이마에 흘려 내린 머리를 쓰다듬어 주며 "아버지 없이 살아가느라 너도 힘들었을 텐데 엄마가 네 마음을 몰라주어서 미안하다. 내 울분을 어린 너에게 터트리고 힘들게 해서 미안해. 엄마가 사랑하는 방법을 몰라서 그랬던 것 같아. 지금부터 차츰 배워 나갈 테니 기다려 주면 좋겠다. "

엄마의 말에 뒤척이던 아들이 잠에서 깼고 아들과 엄마는 서로를 붙들고 한참이나 울었다.

이 사례에서 보여준 엄마처럼 관계에서는 부모가 자신의 실수나 잘못을 인정하고 사과하는 것이 굉장히 중요하다. 존 가트맨(John Gottman) 박사는 부모가 자신의 실수나 잘못을 인정하는 것은 아이에게 굉장히 긍정적인 교훈을 준다고 했다.

부모가 실수와 잘못을 인정하면 아이는 실수는 실패가 아니라는 것을 배우게 되고, 아이에게 좋은 역할 모델을 보여주게 되는 것이다. 만약 그녀가 남편을 잃은 절망적인 감정과 아들의 행동과 분리시켜 적절하게 대처하며 자신의 감정을 적절하게 표현하고 아이의 마음도 헤아려 줄 수 있었더라면 진흙 속에서 우아하고 아름다운 연꽃이 피어나듯이 절망 속에서 돈독한 가족애를 꽃피울 수 있었을 것이다. 아이들은 상대방이 자기감정을 읽어주면 자기편을 들어준다고 생각하고 자신을 있는 그대로 드러내며 솔직해진다.

중·고등학교 교사들은 더 나은 학습 환경을 학생들에게

제공해 주기 위해 방학기간에 여러 차례의 교육 연수를 받는다. 한 중학교 남자 교사가 지난 학기에 '감정에 이름 붙여 주고 표현하기'의 수업을 듣고 실제 학생들에게 연습했던 경험담이 생각나서 엄마에게 설명해 주었다.

10대 청소년들은 여학생이든 남학생이든 장소를 가리지 않고 우당탕탕 뛰어다니는 경우가 많다. 선생님들의 주의에도 아랑곳하지 않아 교사들은 타일러도 보고, 때론 벌을 세우기도 하면서 단속하기 바빴지만, 아이들의 행동을 멈출 수는 없었다. 때론 계단을 마구 뛰어 내려오는 아이에게 "야! 우측통행 몰라?" 하고 야단도 치지만 그때뿐이고 뒤돌아서면 아이들은 다시 뛰어다닌다. 그런 아이들과 매번 입씨름만 할 뿐 별다른 수가 없어 그냥 내버려 둘 때가 많았다.

그런데 지난 학기 교사 연수 수업에서 '적절하게 나-전달하는 법'을 배운 뒤 깊이 느낀 바가 있어 방법을 바꿔 보기로 하고 학교현장에서 사용해 보았다고 한다. 그날도 다른 때와 마찬가지로 남자아이가 잔뜩 인상을 구기며 복도를 쿵쾅거리며 뛰어왔다. 예전 같았으면 조용히 다니라고 호통을 쳤겠지만 "지금 화가 많이 난 모양이구나"라고 말했더니 아이가 부끄러운 듯 "네" 하더니 조용히 교실로 걸어 들어갔다.

그 학생의 뒷모습을 보고 교사는 내심 놀랐다고 했다. 무슨 일인지는 모르겠지만 아이는 화가 나 있었고, 비난과 처벌만 하던 선생님이 자기감정을 알아주자 눈 녹듯 화가 풀린 것이다.

그 일이 있은 후 선생님은 180도 달라졌고 야단만 치다가 친근하고 따뜻하게 달라진 선생님을 보고 학생들이 다가오기 시작했다. 자신들의 속마음도 스스럼없이 털어놓기 시작했다. 백 마디의 훈계와 질책보다 학생들의 마음을 읽어주고, 있는 그대로의 모습을 받아주는 선생님, 친근감을 가지고 다가오는 학생들. 그들의 학교생활은 더없이 행복하고 즐거웠을 것이다.

이 사례에서도 모자간에 서로의 상처를 긁고 비난의 소리보다, 대화의 행간에 여유가 있고 관계에 공감적인 공간이 넉넉했더라면 부딪혀서 화의 불꽃이 튀는 일은 없었을 것이다.

이번 기회에 여러분들도 자녀나 배우자나 친구들을 대하는 자신의 말투를 가만히 들여다보면 좋을 듯싶다. 어떤 상황에서 자신의 의견이나 감정을 어떻게 개진하는지, 그리고 그런 태도가 상대에게 어떻게 느껴질지, 그런 말투와 태도가 관계에 이득이 되는 것인지 스스로 관찰해 보면 좋을 것이다.